AS LUTAS DE CLASSES NA FRANÇA
DE 1848 A 1850

Karl Marx

AS LUTAS DE CLASSES NA FRANÇA
DE 1848 A 1850

Tradução
Nélio Schneider

Copyright da tradução © Boitempo Editorial, 2012

Traduzido dos originais em alemão
Karl Marx, *Die Klassenkämpfe in Frankreich 1848 bis 1850*, em Karl Marx e Friedrich Engels, *Werke* (Berlim, Dietz, 1960), v. 7, p. 9-107; e Friedrich Engels, "Einleitung [zu Karl Marx' 'Klassenkämpfe in Frankreich 1848 bis 1850' (1895)]", em Karl Marx, Friedrich Engels, *Werke* (3. ed. Berlim, Dietz, 1972, reimpressão inalterada da 1. ed. de 1963), v. 22, p. 509-527.

Coordenação editorial
Ivana Jinkings

Editora-adjunta
Bibiana Leme

Assistência editorial
Pedro Carvalho

Tradução
Nélio Schneider

Revisão
Lucas de Sena Lima

Capa
Livia Campos
sobre desenho de Cássio Loredano

Diagramação
Antonio Kehl

Produção
Livia Campos

CIP-BRASIL. CATALOGAÇÃO-NA-FONTE
SINDICATO NACIONAL DOS EDITORES DE LIVROS, RJ

M355L

Marx, Karl, 1818-1883
   As lutas de classes na França de 1848 a 1850 / Karl Marx ; tradução Nélio Schneider. - 1.ed. - São Paulo : Boitempo, 2012. il. (Coleção Marx-Engels)

   Tradução de: Die klassenkämpfe in Frankreich 1848 bis 1850
   Contém cronologia
   ISBN 978-85-7559-190-1

   1. França - Política e governo. 2. França - Condições sociais. 3. Movimentos sociais - França. 4. Comunismo. 5. Socialismo. I. Título. II. Série.

12-6287.   CDD: 335.422
                                               CDU: 330.85

É vedada a reprodução de qualquer
parte deste livro sem a expressa autorização da editora.

1ª edição: setembro de 2012; 1ª reimpressão: abril de 2015;
2ª reimpressão: abril de 2017; 3ª reimpressão: julho de 2020;
4ª reimpressão: janeiro de 2023

BOITEMPO
Jinkings Editores Associados Ltda.
Rua Pereira Leite, 373
05442-000 São Paulo SP
Tel.: (11) 3875-7250 / 3872-6869
editor@boitempoeditorial.com.br
boitempoeditorial.com.br | blogdaboitempo.com.br
facebook.com/boitempo | twitter.com/editoraboitempo
youtube.com/tvboitempo | instagram.com/boitempo

SUMÁRIO

NOTA DA EDITORA 7

PREFÁCIO 9
Friedrich Engels

AS LUTAS DE CLASSES NA FRANÇA DE 1848 A 1850 33

    INTRODUÇÃO 35

    I – A DERROTA DE JUNHO DE 1848 37

    II – O DIA 13 DE JUNHO DE 1849 67

    III – DECORRÊNCIAS DO 13 DE JUNHO DE 1849 105

    IV – A REVOGAÇÃO DO SUFRÁGIO UNIVERSAL EM 1850 145

ÍNDICE ONOMÁSTICO 163

CRONOLOGIA RESUMIDA 173

NOTA DA EDITORA

O volume que a Boitempo agora apresenta a seus leitores, o 15º da coleção Marx-Engels, foi publicado por Karl Marx pela primeira vez em 1850, como série de artigos na *Neue Rheinische Zeitung* [*Nova Gazeta Renana*] de Hamburgo, com o título "1848 a 1849". No ano de 1895, Friedrich Engels produziu uma nova edição, póstuma, à qual deu o título atual, *As lutas de classes na França de 1848 a 1850* [*Die Klassenkämpfe in Frankreich 1848 bis 1850*], incluindo um prefácio (aqui apresentado entre as páginas 9 e 31) e acrescentando um quarto capítulo, com trechos sobre a França, da *Revue – Mai bis Oktober 1850*, com o título "A revogação do sufrágio universal em 1850". A tradução atual é baseada nessa edição de 1895, reproduzida em Karl Marx e Friedrich Engels, *Werke* (v. 7, Berlim, Dietz, 1960). A introdução de Engels, por sua vez, intitulada originalmente "Einleitung [zu Karl Marx' 'Klassenkämpfe in Frankreich 1848 bis 1850' (1895)]", tem sua versão em alemão publicada em Karl Marx e Friedrich Engels, *Werke* (v. 22, 3. ed. Berlim, Dietz, 1972, reimpressão inalterada da 1. ed. de 1963). Um detalhe importante do prefácio é que o texto teve por base as provas tipográficas revistas por Engels, por isso aqui são apresentadas tanto a primeira versão quanto a segunda, modificada antes da impressão. No texto, esses trechos são indicados pelo aviso "(*versão 2*)" entre parênteses.

Nos capítulos deste livro, Marx faz um balanço do movimento revolucionário francês; analisa um período extremamente movimentado da história e estende-se a experiências teoricamente importantes da Revolução de 1848-1849 e seus resultados. Aprofundando sobretudo o desenvolvimento das teorias do Estado e da revolução, chega ao entendimento fundamental

Nota da editora

de que a realização da tarefa histórica da classe trabalhadora é impossível no quadro da república burguesa. Além de demonstrar que a ditadura do proletariado é uma fase de transição necessária para a abolição de todas as diferenças de classe, para a reconfiguração econômica da sociedade e para a construção de uma ordem socialista, Marx trata detalhadamente da situação e do papel do campesinato, fundamentando a necessidade da aliança entre este e a classe operária.

Traduzido por Nélio Schneider e com ilustração de Cássio Loredano na capa, este volume segue, no geral, os critérios da coleção: as notas de rodapé com numeração contínua são do editor alemão (com ocasionais adaptações do tradutor). Aquelas com asteriscos podem ser da edição brasileira, quando seguidas de "(N. E.)"; do tradutor, quando seguidas de "(N. T.)"; ou, quando acompanhadas de "(N. E. I.)", da edição em inglês *The Class Struggles in France, 1848 to 1850*, em Selected Works (v. 1, Moscou, Progress, 1969). Termos escritos originalmente em outras línguas foram traduzidos na sequência de sua aparição, entre colchetes. Para conhecer os outros livros da coleção Marx-Engels, ver páginas 187 e 188.

Esta edição traz ainda um índice onomástico das personagens citadas por Marx (e por Engels, em seu prefácio) e uma cronologia resumida contendo os aspectos mais importantes da vida e da obra dos dois fundadores do socialismo científico.

setembro de 2012

PREFÁCIO [AO *AS LUTAS DE CLASSES NA FRANÇA DE 1848 A 1850*, DE KARL MARX (1895)][1]
Friedrich Engels

Esta obra que agora é publicada em nova edição foi a primeira tentativa feita por Marx de explicar, com a ajuda de sua concepção materialista, uma quadra da história contemporânea a partir da situação econômica dada. No *Manifesto Comunista*, a teoria fora aplicada, em traços bem gerais, a toda a história mais recente; nos artigos de Marx e meus para a *Nova Gazeta Renana*, essa teoria foi continuamente usada para interpretar acontecimentos políticos simultâneos. No presente texto, em contraposição, trata-se de demonstrar o nexo causal interno de um desenvolvimento de muitos anos tão crítico quanto típico para toda a Europa e, portanto, nos termos do autor, de derivar os fatos políticos de efeitos advindos de causas em última instância econômicas.

Na apreciação de acontecimentos e séries de acontecimentos a partir da história atual, nunca teremos condições de retroceder até a *última* causa econômica. Mesmo nos dias de hoje, em que a imprensa especializada pertinente fornece material em abundância, ainda é impossível, inclusive na Inglaterra, acompanhar dia após dia o passo da indústria e do comércio no mercado mundial, assim como as mudanças que ocorrem nos métodos de produção, de tal maneira que se possa fazer, a todo momento, a síntese desses fatores sumamente intrincados e em constante mudança, até porque os principais deles geralmente operam por longo tempo ocultos antes de assomar repentina e violentamente à superfície. A

---
[1] Escrita entre 14 de fevereiro e 6 de março de 1895.

Prefácio

visão panorâmica clara sobre a história econômica de determinado período nunca será simultânea, só podendo ser obtida *a posteriori*, após a compilação e a verificação do material. A estatística é, nesse ponto, recurso auxiliar necessário, mas sempre claudica atrás dos acontecimentos. Por isso, tendo em vista a história contemporânea em curso, seremos muitas vezes forçados a tratar como constante, ou seja, como dado e inalterável para todo o período, este que é o fator mais decisivo, a saber, a situação econômica que se encontra no início do período em questão; ou então seremos forçados a levar em consideração somente as modificações dessa situação oriundas dos próprios acontecimentos que se encontram abertamente diante de nós e que, por conseguinte, estão expostos à luz do dia. Por isso, nesse ponto, o método materialista com muita frequência terá de se restringir a derivar os conflitos políticos de embates de interesses das classes sociais e frações de classes resultantes do desenvolvimento econômico, as quais podem ser encontradas na realidade, e a provar que os partidos políticos individuais são a expressão política mais ou menos adequada dessas mesmas classes e frações de classes.

É óbvio que essa negligência inevitável das mudanças simultâneas da situação econômica, da base propriamente dita de todos os processos a serem analisados, necessariamente constitui uma fonte de erros. Porém, todas as condições de uma exposição sumarizadora da história contemporânea inevitavelmente comportam fontes de erro, o que não impede ninguém de escrever sobre a história contemporânea.

Quando Marx empreendeu essa obra, a referida fonte de erros ainda era muito mais inevitável. Era pura e simplesmente impossível, durante o período revolucionário de 1848-1849, acompanhar as transformações econômicas que se efetuavam simultaneamente ou até manter uma visão geral delas. O mesmo se deu durante os primeiros meses do exílio em Londres, no outono e inverno de 1849-1850. Porém, foi justamente nesse período que Marx começou o trabalho. E, apesar dessas circunstâncias desfavoráveis, o conhecimento preciso que ele tinha tanto da situação econômica da França anterior à Revolução de Fevereiro quanto da história política desse país a partir desse evento permitiu-lhe apresentar uma descrição dos acontecimentos que revela o seu nexo interior de modo até hoje não igualado e que, mais tarde, passou com brilhantismo na prova a que o próprio Marx a submeteu.

A primeira prova decorreu do fato de que, a partir do primeiro semestre de 1850, Marx voltou a encontrar tempo para dedicar-se a estudos econômicos e começou com a história econômica dos últimos dez anos. Por essa via, ele obteve clareza total, com base nos próprios fatos, sobre o que até ali havia deduzido de modo meio apriorístico baseado em um material cheio de lacunas, ou seja, que a crise mundial do comércio de 1847 fora propriamente a mãe das Revoluções de Fevereiro e Março e que a prosperidade industrial, que gradativamente voltara a se instalar em meados de 1848 e que, em 1849 e 1850, atingira seu pleno florescimento, constituiu a força revitalizadora que inspirou novo ânimo à reação europeia. Isso foi decisivo. Enquanto os três primeiros artigos (publicados nos cadernos de janeiro, fevereiro e março na *N[euen] Rh[einischen] Z[eitung]. Politisch-ökonomische Revue*, Hamburgo, 1850) ainda estavam imbuídos da expectativa de uma nova escalada iminente da energia revolucionária, o panorama histórico formulado por Marx e por mim no último caderno duplo, publicado no outono de 1850 (de maio a outubro), rompeu de uma vez por todas com tais ilusões: "Uma nova revolução só será possível na esteira de uma nova crise. Contudo, aquela é tão certa quanto esta". Essa, porém, foi a única alteração essencial que precisou ser feita. Absolutamente nada demandou mudança na interpretação dada aos acontecimentos nas seções anteriores nem nos nexos causais estabelecidos nelas, como prova a continuação da narrativa de 10 de março até o outono de 1850 contida na mesma visão panorâmica. Por essa razão, acolhi tal continuação como quarto artigo na presente reimpressão dos textos.

A segunda prova foi ainda mais rigorosa. Logo após o golpe de Estado de Luís Bonaparte no dia 2 de dezembro de 1851, Marx voltou a processar a história da França de fevereiro de 1848 até o referido

Prefácio

evento, que conclui temporariamente esse período revolucionário[2]. Esse opúsculo volta a tratar, ainda que de modo mais breve, do período relatado em nosso escrito. Compare-se essa segunda descrição, formulada à luz do acontecimento decisivo ocorrido mais de um ano depois, e será possível constatar que o autor precisou modificar pouca coisa.

O que confere uma importância bem especial ao nosso escrito, além disso, é a circunstância de que ele enuncia pela primeira vez a fórmula pela qual um acordo geral de todos os partidos de trabalhadores de todos os países do mundo resume sucintamente a sua exigência de uma nova organização econômica: a apropriação dos meios de produção pela sociedade. No segundo capítulo, a propósito do "direito ao trabalho", que é caracterizado como "a primeira fórmula desajeitada, que sintetizava as reivindicações revolucionárias do proletariado", consta o seguinte: "[...] por trás do direito ao trabalho está o poder sobre o capital, por trás do poder sobre o capital, *a apropriação dos meios de produção*, seu submetimento à classe operária associada, portanto, a supressão do trabalho assalariado, do capital e de sua relação de troca"*. Portanto, aqui se encontra formulada – pela primeira vez – a sentença pela qual o moderno socialismo dos trabalhadores se diferencia nitidamente tanto de todos os diferentes matizes do socialismo feudal, burguês, pequeno-burguês etc. como também da confusa comunhão de bens do comunismo tanto utópico como natural dos trabalhadores. Quando posteriormente Marx estendeu a fórmula à apropriação dos meios de troca, essa ampliação, que, aliás, segundo o *Manifesto Comunista*, era óbvia, expressou apenas um corolário da tese principal. Recentemente algumas pessoas sabidas na Inglaterra ainda acrescentaram que também os "meios de distribuição" deveriam ser repassados à sociedade. A situação ficaria difícil para esses senhores se tivessem de dizer quais são afinal esses meios de distribuição econômicos distintos dos meios de produção e dos meios de troca; a não ser que tenham em mente meios de distribuição *políticos*, impostos,

---

[2] *O 18 de brumário de Luís Bonaparte*, 3. ed., Hamburg, Meissner, 1885 [ed. bras.: São Paulo, Boitempo, 2011].
* Itálicos de Engels. (N. E.)

assistência aos pobres, incluindo a doação da Floresta da Saxônia e outras doações. Esses, porém, em primeiro lugar, já são meios de distribuição em poder da totalidade, do Estado ou da comunidade e, em segundo lugar, o que nós queremos é justamente invalidá-los.

———

Quando irrompeu a Revolução de Fevereiro, todos nós nos encontrávamos, no que se refere às nossas concepções das condições e do curso dos movimentos revolucionários, sob a influência da experiência histórica, principalmente da ocorrida na França. Com efeito, justamente ela dominara toda a história europeia desde 1789 e dela havia partido agora também o sinal para a revolução geral. Assim, foi óbvio e inevitável que as nossas concepções a respeito da natureza e do curso da revolução "social" proclamada em Paris, em fevereiro de 1848, ou seja, da revolução do proletariado, estivessem fortemente matizadas pelas memórias dos modelos de 1789-1830. E, então, definitivamente, quando o levante parisiense teve repercussão nas revoltas vitoriosas de Viena, Milão, Berlim, quando toda a Europa até a fronteira russa foi arrebatada pelo movimento; quando, então, no mês de junho, foi travada em Paris a primeira grande batalha pela supremacia entre proletariado e burguesia; quando até mesmo a vitória de sua classe abalou a burguesia de todos os países a tal ponto que ela voltou a refugiar-se nos braços da reação monárquico--feudal que acabara de derrubar – em vista dessas circunstâncias, não poderíamos ter nenhuma dúvida de que tivera início o grande embate decisivo e que ele deveria ser travado num único período revolucionário longo e cheio de vicissitudes, mas que só poderia terminar com a vitória definitiva do proletariado.

Após as derrotas de 1849, de modo algum compartilhávamos as ilusões da democracia vulgar agrupada *in partibus* em torno dos futuros governos provisórios. Estes contavam com uma vitória para breve, uma vitória de uma vez por todas do "povo" contra os "opressores"; nós contávamos com uma luta longa, após a eliminação dos "opressores", entre os elementos antagônicos que se escondem justamente dentro desse "povo". A democracia vulgar esperava que uma

Prefácio

irrupção renovada ocorresse de um dia para outro; nós declaramos, já no outono de 1850, que pelo menos a *primeira* etapa do período revolucionário estaria concluída e nada se poderia esperar até que eclodisse uma nova crise econômica mundial. Por essa razão, fomos inclusive proscritos como traidores da revolução pelas mesmas pessoas que mais tarde, sem exceção, firmaram a paz com Bismarck – na medida em que Bismarck julgou que valesse a pena.

Porém, a história não deu razão nem a nós, desmascarando a nossa visão de então como uma ilusão. Ela foi ainda mais longe: não só destruiu o nosso equívoco de então, mas também revolucionou totalmente todas as condições sob as quais o proletariado tem de lutar. Hoje as formas de luta de 1848 são antiquadas em todos os aspectos, e esse é um ponto que merece ser analisado mais detidamente na oportunidade que aqui se oferece.

Todas as revoluções desembocaram no afastamento de determinado domínio classista por outro; porém, todas as classes dominantes até aqui sempre constituíram pequenas minorias diante da massa dominada da população. Assim, uma minoria dominante foi derrubada e outra minoria tomou o leme do Estado e remodelou as instituições deste de acordo com os seus interesses. Tratava-se, em cada caso, do grupo minoritário que foi capacitado e chamado pelo estado do desenvolvimento econômico para exercer o domínio, e foi justamente por isso e só por isso que a maioria dominada participou da revolução a favor desse grupo ou aceitou-a tranquilamente. Porém, se abstrairmos do conteúdo concreto de cada caso, a forma comum a todas essas revoluções é a de que eram revoluções de minorias. Inclusive quando a maioria participou, isso aconteceu – conscientemente ou não – só a serviço de uma minoria; esta, porém, ganhou assim, ou já em virtude da atitude passiva da maioria que não ofereceu resistência, a aparência de ser representante de todo o povo.

Após o primeiro grande êxito, via de regra a minoria vitoriosa se dividia; uma metade estava satisfeita com o que fora conseguido, a outra queria prosseguir, levantar novas reivindicações, que pelo menos em parte também eram do interesse real ou aparente da grande massa da população. Essas exigências mais radicais foram impostas em alguns casos individuais, mas, com frequência, só por um momento. Quando o partido mais moderado voltava a obter a supremacia, o que havia sido ganho por último voltava a perder-se inteiramente ou em parte; os derrotados, então, clamavam contra a traição ou atribuíam a derrota ao acaso. Na realidade, porém, a questão geralmente se colocava nos seguintes termos: as conquistas da primeira vitória só ficavam asseguradas mediante a segunda vitória do partido mais radical; quando isso era alcançado e, desse modo, quando se alcançava aquilo que era momentaneamente necessário, os radicais e seus êxitos voltavam a sair de cena.

Todas as revoluções da época mais recente, começando com a grande revolução inglesa do século XVII, apresentaram esses traços que parecem inseparáveis de toda e qualquer luta revolucionária. Eles pareciam aplicar-se também às lutas do proletariado em prol da sua emancipação; pareciam aplicar-se tanto mais porque, justamente em 1848, precisaram ser incluídas as pessoas que sabiam apenas aproximadamente em que direção essa emancipação deveria ser buscada. O caminho a tomar não estava claro nem para as próprias massas proletárias, nem mesmo em Paris depois da vitória. E, no entanto, o movimento estava aí, instintivo, espontâneo, irreprimível. Não era essa justamente a situação em que uma revolução tinha de ser bem-sucedida, conduzida por uma minoria, é certo, mas dessa vez não no interesse da minoria, mas no interesse mais próprio da maioria? Se em todos os períodos revolucionários mais longos fora possível ganhar com facilidade as grandes massas da população por meio de simples mistificações plausíveis elaboradas pelas minorias vanguardistas, como elas poderiam ser menos acessíveis a ideias que eram o reflexo mais próprio de sua situação econômica, que não eram nada além da expressão clara e racional das suas necessidades só difusamente sentidas e ainda não entendidas por elas mesmas? No entanto, depois de esfumaçada a ilusão e instalada a decepção, esse ânimo revolucionário das massas deu lugar quase sempre e geralmente com muita rapidez à exaustão ou até a uma reversão em

Prefácio

seu oposto. Nesse caso, porém, não se tratava de mistificações, mas da realização dos interesses mais próprios da grande maioria mesma, interesses que, naquele tempo, de modo algum estavam claros para essa grande maioria, mas que logo teriam de ficar suficientemente claros, no decorrer da execução prática, pela evidência convincente. E quando então, no primeiro semestre de 1850, como foi demonstrado por Marx no seu terceiro artigo, o desenvolvimento da república burguesa que se ergueu da revolução "social" de 1848 concentrara o governo de fato nas mãos da grande burguesia – que, além de tudo, tinha mentalidade monarquista –, mas agrupara todas as demais classes sociais, tanto camponeses como pequeno-burgueses, em torno do proletariado, de tal modo que, durante e depois da vitória conjunta, quem se converteu no fator decisivo não foi a grande burguesia, mas o proletariado que ficara sabido com as experiências vividas – não estavam dadas, então, todas as perspectivas para a conversão da revolução da minoria em revolução da maioria?

A história não deu razão a nós nem a quem pensou de modo semelhante. Ela deixou claro que o nível do desenvolvimento econômico no continente naquela época nem de longe estava maduro para a eliminação da produção capitalista; ela provou isso mediante a revolução econômica que tomou conta de todo o continente a partir de 1848 e só então instalou de fato a grande indústria na França, na Áustria, na Hungria, na Polônia e, mais recentemente, na Rússia e fez da Alemanha um país industrial de primeira grandeza – tudo isso sobre uma base capitalista que, no ano de 1848, portanto, ainda tinha muita capacidade de expansão. Foi precisamente essa revolução industrial que trouxe clareza às relações de classe, que eliminou uma boa quantidade de existências intermediárias oriundas do período da manufatura e, na Europa oriental, até mesmo do artesanato corporativo, gerou uma burguesia real e um proletariado real da grande indústria e o deslocou para o primeiro plano do desenvolvimento social. Dessa maneira, porém, a luta entre essas duas grandes classes, que em 1848 era travada fora da Inglaterra só em Paris e, no máximo, em alguns grandes centros industriais, foi disseminada por

As lutas de classes na França de 1848 a 1850

toda a Europa e atingiu uma intensidade ainda impensável em 1848. Naquela época, havia os muitos evangelhos sectários obscuros com as suas panaceias, hoje temos *uma só* teoria, a de Marx, reconhecida universalmente, dotada de uma clareza cristalina, que formula as finalidades últimas da luta de modo preciso; naquela época, havia as massas dissociadas e díspares em suas lealdades e nacionalidades, vinculadas apenas pelo senso dos sofrimentos comuns, subdesenvolvidas, jogadas em desatino de um lado para outro entre o entusiasmo e o desespero, hoje temos *um só* grande exército de socialistas, avançando incessantemente, crescendo diariamente em número, organização, disciplina, noção das coisas e certeza da vitória. Se nem mesmo esse poderoso exército do proletariado conseguiu até agora atingir o alvo, se ele, longe de conquistar a vitória de *um só* golpe, é obrigado a avançar lentamente de uma posição a outra mediante a luta dura e renhida, isso demonstra de uma vez por todas como era impossível conquistar em 1848 a reorganização social por meio de um ataque de surpresa.

Uma burguesia dividida em duas seções dinástico-monarquistas, mas que exigia antes de tudo tranquilidade e segurança para fazer seus negócios financeiros, contraposto a ela um proletariado vencido, mas ainda ameaçador, em torno do qual se agrupava um número cada vez maior de pequeno-burgueses e camponeses – a constante ameaça de uma irrupção violenta, que em vista de tudo isso não oferecia nenhuma perspectiva de solução definitiva: essa era a situação que se apresentava como que por encomenda para o golpe de Estado do terceiro pretendente, do pretendente pseudodemocrático Luís Bonaparte. Valendo-se do exército, ele pôs fim à tensa situação no dia 2 de dezembro de 1851 e assegurou à Europa a tranquilidade interna para agraciá-la, em troca disso, com uma nova era de guerras. O período das revoluções vindas de baixo estava por ora concluído; seguiu-se um período de revoluções vindas de cima.

O revés imperialista de 1851 deu uma nova prova da imaturidade das aspirações proletárias daquela época. Porém, ele próprio criaria as condições sob as quais elas teriam de amadurecer. A tranquilidade

Prefácio

interna assegurou o pleno desenvolvimento do novo crescimento industrial, a necessidade de ocupar o exército e de atrair a atenção das correntes revolucionárias para o exterior gerou as guerras, mediante as quais Bonaparte, pretextando fazer valer o "princípio da nacionalidade", tentou anexar territórios à França. O seu êmulo Bismarck adotou a mesma política para a Prússia; desferiu o seu golpe de Estado, a sua revolução a partir de cima, em 1866, contra a Liga Alemã e a Áustria e não menos contra a Câmara Prussiana de Intermediação do Conflito. Porém, a Europa era pequena demais para dois bonapartes e assim a ironia da história quis que Bismarck derrubasse Bonaparte e que o Rei Guilherme da Prússia não só estabelecesse o cesarismo da Pequena Alemanha, mas também a República francesa. O resultado disso, porém, foi que, na Europa, a autonomia e a união interna das grandes nações, com exceção da Polônia, já era um fato. Claro que isso se deu dentro de limites relativamente modestos – mas, de qualquer modo, foi tão amplo que os envolvimentos nacionalistas não representaram mais um fator de inibição essencial para o processo de desenvolvimento da classe trabalhadora. Os coveiros da Revolução de 1848 haviam se convertido em executores do seu testamento. E, ao lado deles, já se erguia ameaçadoramente o herdeiro de 1848, o proletariado, reunido na *Internacional*.

    Depois das guerras de 1870-1871, Bonaparte sai de cena e a missão de Bismarck está cumprida, de modo que ele pode novamente recolher-se à sua condição ordinária de *Junker* [nobre alemão]. Porém, esse período foi finalizado pela Comuna de Paris. Uma tentativa traiçoeira de Thiers de roubar as armas da Guarda Nacional de Paris provocou uma revolta vitoriosa. Uma vez mais ficou claro que, em Paris, não seria possível nenhuma outra revolução além da proletária. Após a vitória, o governo caiu automaticamente no colo da classe trabalhadora, sem qualquer contestação. E mais uma vez ficou evidente que, ainda naquele tempo, vinte anos depois do período descrito no presente escrito, esse governo da classe trabalhadora era uma impossibilidade. Por um lado, a França abandonou Paris e assistiu como ela se esvaía em sangue sob a artilharia de Mac-Mahon; por outro lado, a Comuna se desgastou numa briga estéril entre os dois partidos que a cindiam, os blanquistas (maioria) e os proudhonistas (minoria), sendo que nenhum dos dois sabia o que tinha de ser feito. Tão infecunda como o ataque repentino de 1848 permaneceu a vitória recebida de presente em 1871.

A crença geral era que, junto com a Comuna de Paris, havia sido enterrado definitivamente todo o proletariado militante. Porém, muito pelo contrário, da Comuna e da Guerra Franco-Alemã data o seu mais poderoso crescimento. A transformação total de todo o sistema bélico por meio do engajamento da população capaz de manusear armas em exércitos que passaram a ser contados em cifras de milhões de pessoas, por meio de armas de fogo, projéteis e explosivos de força destrutiva até ali inaudita, por um lado, pôs um fim súbito ao período das guerras bonapartistas e assegurou o desenvolvimento industrial pacífico, inviabilizando qualquer outro tipo de guerra que não a guerra mundial, caracterizada pela atrocidade sem precedentes e por um desfecho absolutamente imprevisível. Por outro lado, essa transformação elevou os impostos a alturas proibitivas em virtude dos custos bélicos que cresciam em progressão geométrica e, desse modo, levou as classes mais pobres para os braços do socialismo. A anexação da Alsácia-Lorena, a causa mais evidente da desvairada concorrência armamentista, conseguiu insuflar de maneira chauvinista a burguesia francesa e a burguesia alemã uma contra a outra; para os trabalhadores dos dois países, ela se converteu num novo laço de união. E o aniversário da Comuna de Paris tornou-se o primeiro feriado universal de todo o proletariado.

Como Marx predissera, a guerra de 1870-1871 e a derrota da Comuna de Paris transferiram o centro de gravidade do movimento dos trabalhadores europeus temporariamente da França para a Alemanha. A França naturalmente precisou de muitos anos para recuperar-se da sangria de maio de 1871. Na Alemanha, em contraposição, onde se desenvolvia cada vez mais rapidamente a indústria, cultivada em condições ideais de estufa e, como se não bastasse, abençoada com o aporte bilionário recebido da França, cresceu com rapidez e solidez ainda maiores a social-democracia. Graças à sabedoria com que os trabalhadores alemães utilizaram o direito de voto universal introduzido em 1866, o crescimento espantoso do partido apresenta-se aos olhos do mundo em números incontestáveis. Em 1871: 102 mil; em 1874: 352 mil; em 1877: 493 mil votos social-democratas. Em seguida, veio o alto reconhecimento desses progressos por parte da autoridade na forma da Lei de Exceção contra os Socialistas; o partido se dispersou momentaneamente, o número de votos despencou para 312 mil em 1881. Porém, isso foi rapidamente superado, e agora, sob a pressão da lei de exceção, sem imprensa, sem organização exterior, sem direito de associação nem de reunião, foi que começou para valer a rápida expansão – em 1884: 550 mil; em 1887: 763 mil; em 1890: 1,427 milhão de votos. Diante disso, a mão do Estado ficou paralisada. A Lei contra os Socialistas sumiu, o número de votos socialistas subiu para 1,787 milhão, mais de um quarto de todos os votos depositados. O governo e as classes dominantes haviam esgotado todos os seus recursos – inutilmente, em vão, sem êxito. As provas palpáveis de impotência que as autoridades, desde o guarda noturno até o chanceler do *Reich*, tiveram de engolir – e isso dos desprezados trabalhadores! –, essas provas atingiam a cifra de milhões. O Estado já não tinha mais o que dizer, os trabalhadores estavam apenas começando a falar.

Mas os trabalhadores alemães ainda prestaram à sua causa um segundo grande serviço ao lado do primeiro, que era o de, pelo simples fato de existirem, já se apresentarem como o partido socialista mais forte, mais disciplinado e que mais rapidamente se expandia. Eles haviam mostrado aos colegas de todos os países uma das suas armas mais afiadas, ensinando-lhes como fazer uso do direito de voto universal.

O direito de voto universal já existia há muito tempo na França, mas havia adquirido má fama em virtude dos abusos que o governo bonapartista praticara com ele. Depois da Comuna não restou mais nenhum partido de trabalhadores para tirar proveito dele. Também na Espanha, ele existia desde a instauração da república, mas naquele país a regra sempre fora que todos os partidos sérios de oposição deveriam abster-se das eleições. As experiências que o suíços fizeram com o direito de voto universal também foram tudo menos encorajadoras para um partido de trabalhadores. Os trabalhadores revolucionários dos países românicos haviam se acostumado a ver o direito de voto como uma armadilha, como um instrumento do governo para fraudá-los. Na Alemanha era diferente. O *Manifesto Comunista* já havia proclamado a conquista do direito de voto universal, da democracia, como uma das primeiras e mais importantes tarefas do proletariado militante, e Lassalle retomara esse ponto. Ora, quando Bismarck se viu forçado a instituir esse direito de voto como único meio de interessar as massas populares pelos seus planos, os nossos trabalhadores levaram isso imediatamente a sério e designaram August Bebel para o primeiro Parlamento constituinte. E a partir daquele dia eles se valeram do direito de votar de forma tal que lhes trouxe um retorno milhares de vezes maior e que serviu de modelo para os trabalhadores de todos os países. Nas palavras do programa marxista francês, o direito de voto foi por eles *transformé, de moyen de duperie qu'il a été jusqu'ici, en instrument d'émancipation* – transformado de meio de fraude, como foi até agora, em instrumento de emancipação. E se o direito de voto universal não tivesse proporcionado nenhum outro ganho além de permitir-nos contar todos a cada três anos; de, junto com o aumento regularmente constatado e inesperadamente rápido do número de votos, aumentar na mesma proporção a certeza da vitória dos trabalhadores assim como o susto dos adversários, e assim tornar-se o nosso melhor meio de propaganda; de instruir-nos com exatidão sobre as nossas próprias forças, assim como sobre as de todos os partidos adversários, e de, por essa via, fornecer-nos um parâmetro inigualável para dar à nossa ação a proporção correta – preservar-nos tanto do temor inoportuno quanto do destemor inoportuno –, se esse fosse o único ganho que tivéssemos obtido do direito de voto, já teria valido a pena. Mas ele trouxe muito mais que isso. Durante a campanha eleitoral, ele nos forneceu um meio sem igual para entrar em contato com as massas populares onde elas ainda estão distantes de nós e obrigar todos os partidos a defender-se

Prefácio

diante de todo o povo dos nossos ataques às suas opiniões e ações; e, além disso, ele colocou à disposição dos nossos representantes uma tribuna no Parlamento, do alto da qual podiam dirigir a palavra tanto a seus adversários no Parlamento como às massas do lado de fora com muito mais autoridade e liberdade do que quando falam para a imprensa ou em reuniões. De que serviam ao governo e à burguesia a sua Lei Contra os Socialistas, se a campanha eleitoral e os discursos socialistas no Parlamento a violavam continuamente?

Esse uso bem-sucedido do direito de voto universal efetivou um modo de luta bem novo do proletariado e ele foi rapidamente aprimorado. O proletariado descobriu que as instituições do Estado, nas quais se organiza o domínio da burguesia, admitem ainda outros manuseios com os quais a classe trabalhadora pode combatê-las. Ele participou das eleições para as assembleias estaduais, para os conselhos comunais, para as cortes profissionais, disputando com a burguesia cada posto em cuja ocupação uma parcela suficiente do proletariado tinha direito à manifestação. E assim ocorreu que a burguesia e o governo passaram a temer mais a ação legal que a ilegal do partido dos trabalhadores, a temer mais os sucessos da eleição que os da rebelião.

Com efeito, também nesse ponto as condições da luta haviam se modificado fundamentalmente. A rebelião ao estilo antigo, a luta de rua com barricadas, que até 1848 servia em toda parte para levar à decisão final, tornara-se consideravelmente antiquada.

Não nos iludamos: uma vitória real da revolta contra o exército numa batalha de rua, uma vitória como se fosse um embate entre dois exércitos, é coisa rara. Tão raro quanto isso é que os insurgentes tenham tido essa intenção. O que eles queriam era desgastar as tropas por meio de pressões morais, que numa luta entre os exércitos de dois países em guerra não tinham importância ou não tinham tanta importância. Se a ação fosse bem-sucedida, a tropa desanimaria ou os comandantes perderiam a cabeça e a revolta seria vitoriosa. Se não fosse bem-sucedida, confirmar-se-ia, inclusive no caso de haver um contingente minoritário do lado dos militares, a superioridade do armamento e do treinamento, da liderança centralizada, do uso planejado das forças armadas e da disciplina. O máximo que a insurreição poderia alcançar numa ação realmente tática seria a instalação e a defesa habilidosas de uma única barricada. O apoio mútuo, a disponibilização e utilização de reservas, em suma, a ação conjunta e o encadeamento de cada um dos pelotões, que são elementos indispensáveis para defender um distrito municipal ou até toda uma grande cidade, seriam viabilizados de modo muito precário ou nem seriam viabilizados; a concentração dos combatentes num ponto decisivo estaria automaticamente excluída. Desse modo, a defesa passiva é a forma de luta predominante; a força de ataque apenas se levantará aqui e ali, e só excepcionalmente, em ocasionais investidas e ataques aos flancos, mas via de regra se limitará a ocupar as posições abandonadas pelas tropas em retirada. Além disso, os militares ainda têm à sua disposição a artilharia e tropas especiais totalmente equipadas e treinadas, meios de luta que faltam totalmente aos insurgentes em quase todos os casos. Não é de se admirar, portanto, que até as lutas de barricada conduzidas com sumo heroísmo – Paris em junho de 1848, Viena em outubro de 1848, Dresden em maio de 1849 – terminaram com a derrota da revolta no momento em que os comandantes das tropas de ataque passaram a agir sem a inibição de escrúpulos políticos, adotando pontos de vista puramente militares, e no caso de seus soldados lhes terem ficado fiéis.

Os numerosos êxitos dos insurgentes até 1848 se deveram a múltiplas causas. Em Paris, julho de 1830 e fevereiro de 1848, assim como na maioria das lutas de rua espanholas, fora postado entre os insurgentes e os militares um bastião de cidadãos que ou tomava resolutamente o partido da revolta ou então, por sua postura tíbia e irresoluta, igualmente fazia com que as tropas hesitassem e, ainda por cima, fornecia armas para a revolta. Onde esse bastião de cidadãos de saída se posicionou contra a revolta, esta foi derrotada – como em junho de 1848 em Paris. Em Berlim, no ano de 1848, o povo saiu-se vitorioso em parte pelo aumento considerável de novos combatentes durante a noite e a manhã do dia 19 [de março], em parte devido

Prefácio

à exaustão e à má alimentação das tropas e, por fim, em parte pela paralisação do comando. Porém, em todos os casos, a vitória foi conquistada porque as tropas negaram fogo, porque os comandantes perderam a capacidade de tomar decisões ou então porque estavam de mãos amarradas.

Portanto, até mesmo no período clássico das lutas de rua, a barricada tinha um efeito mais moral que material. Tratava-se de um meio para abalar a firmeza dos militares. Se ela aguentava até que isso fosse conseguido, a vitória era certa; caso contrário, sofria-se a derrota. {Esse é o ponto principal que se deve ter em conta ao analisar as chances de alguma luta de rua no futuro.}[3] Essas chances não eram [(*versão 2*:) Aliás, as chances não eram] nada boas já em 1849. Em toda parte, a burguesia havia tomado o partido dos governos, "a cultura e a propriedade" saudavam e proviam as mesas dos militares que saíam a campo contra as revoltas. As barricadas haviam perdido o seu encanto; atrás delas, o soldado não via mais "o povo", mas rebeldes, agitadores, saqueadores, desagregadores, a escória da sociedade; com o tempo, o oficial se tornara entendido nas formas táticas da luta de rua; ele não mais marchava diretamente e sem cobertura na direção da trincheira, mas a contornava por jardins, pátios e casas. E, executado com alguma habilidade, isso dava o resultado esperado em nove de cada dez casos.

Desde então, porém, muitas coisas mais se modificaram, e todas favorecendo os militares. Se as grandes cidades se tornaram consideravelmente maiores, proporcionalmente ainda maiores se tornaram os exércitos. Paris e Berlim não aumentaram quatro vezes desde 1848, mas as suas guarnições aumentaram mais que isso. Com o auxílio das ferrovias, essas guarnições podem ser mais que duplicadas em 24 horas e, em 48 horas, transformar-se em gigantescos exércitos. O armamento desse contingente enormemente reforçado de tropas tornou-se incomparavelmente mais eficaz. Em 1848, havia as armas de carga

---

[3] Aqui e a seguir o texto entre chaves consiste de passagens riscadas pela Diretoria do Partido em Berlim, alegando, segundo Engels, "objeções motivadas pelo temor de projetos de lei contra sublevações".

frontal e percussão, hoje temos as armas de retrocarga de pequeno calibre com pentes de repetição, armas que atiram quatro vezes mais longe, com precisão dez vezes maior e dez vezes mais rapidamente que as anteriores. Naquela época, havia as balas inteiriças e os cartuchos da artilharia de efeito relativamente fraco, hoje há as granadas de percussão, bastando uma delas para estraçalhar a barricada mais benfeita. Naquela época, havia o picão do pioneiro para pôr abaixo os muros contra incêndio, hoje temos a banana de dinamite.

Do lado dos insurgentes, em contraposição, todas as condições pioraram. Dificilmente se conseguirá de novo uma revolta com a qual todos os estratos populares simpatizem; na luta de classes, decerto todos os estratos médios jamais se agruparão em torno do proletariado de maneira tão exclusiva que, em comparação, o partido da reação aglomerado em torno da burguesia praticamente desaparece. Portanto, o "povo" sempre aparecerá dividido e, desse modo, falta uma alavanca poderosa que, em 1848, foi extremamente eficaz. A vinda de [(*versão 2:*) Se viessem] mais soldados experientes para o lado dos revoltosos, seria tanto mais difícil armá-los. As espingardas de caça e de luxo das lojas de armas – mesmo que não tenham sido anteriormente inutilizadas por ordem da polícia mediante a retirada de uma peça-chave –, inclusive na luta a curta distância, nem de longe conseguem fazer frente às espingardas de repetição do soldado. Até 1848 era possível fabricar pessoalmente a munição necessária com pólvora e chumbo, hoje há um cartucho diferente para cada tipo de espingarda e todos só têm uma coisa em comum em toda parte, a saber, o fato de serem um produto artificial da grande indústria e, portanto, não poderem ser fabricados *ex tempore*, o que significa que a maioria das espingardas é inútil quando não se possui a munição feita especificamente para ela. E, por fim, os novos bairros das grandes cidades, construídos a partir de 1848, são dispostos em estradas longas, retas e amplas, feitas de encomenda para maximizar o efeito da nova artilharia pesada e das novas espingardas. Seria preciso que o revolucionário fosse completamente louco para escolher os novos distritos de trabalhadores no norte e leste de Berlim para uma luta de barricadas.

Prefácio

{Porventura isso significa que no futuro a luta de rua não terá mais nenhuma importância? De modo algum. Isso significa que, desde 1848, as condições se tornaram bem menos favoráveis para os combatentes civis e bem mais favoráveis para os militares. Uma luta de rua no futuro só poderá ser vitoriosa se essa situação desfavorável for compensada por outros momentos. Por isso, no início de uma grande revolução ela ocorrerá mais raramente do que em seu decurso e terá de ser empreendida com efetivos bem maiores. Mas, nesse caso, estes decerto preferirão o ataque aberto à tática passiva das barricadas, como ocorreu em toda a grande revolução francesa, no dia 4 de setembro e no dia 31 de outubro de 1870 em Paris.}

O leitor entende agora por que os poderes [(*versão 2*:) as classes] dominantes nos querem levar sem rodeios para onde a espingarda fala e o sabre canta? Por que hoje nos imputam covardia por não querermos sair às ruas, onde de antemão temos certeza da derrota? Por que nos suplicam com tanta insistência que finalmente nos ofereçamos para ser carne de canhão?

Esses senhores desperdiçam as suas súplicas e as suas provocações por nada vezes nada. Tão tolos não somos. Seria a mesma coisa que pedir ao seu inimigo na próxima guerra que os enfrente na formação em linha dos tempos do velho Fritz* ou em colunas compactas formadas por divisões inteiras como em Wagram e em Waterloo, e ainda por cima com a espingarda de pederneira na mão. Modificaram-se as condições da guerra entre os povos, modificaram-se não menos as da luta de classes. Foi-se o tempo dos ataques de surpresa, das revoluções realizadas por pequenas minorias conscientes à testa de massas sem consciência. Quando se trata de uma remodelagem total da organização social, as próprias massas precisam estar presentes, precisam já ter compreendido o que está em jogo, pelo que empenham [(*versão 2*:) devem empenhar] o corpo e a vida. Isso nos foi ensinado pela história dos últimos cinquenta anos. Porém, para que as massas compreendam o que deve ser feito faz-se necessário um trabalho

---

* Referência jocosa ao Rei Frederico o Grande da Prússia (1712-1786). (N. T.)

longo e persistente, e é justamente esse trabalho que estamos fazendo agora e com um êxito tal que leva os nossos adversários ao desespero.

Também nos países românicos, cada vez mais se chega à conclusão de que a velha tática precisa ser revista. Em toda parte está sendo seguido o exemplo alemão do uso do direito de voto, da conquista de todos os postos que nos são acessíveis {, em toda parte foi relegado a segundo plano o ataque violento desferido sem preparação}. Na França, onde o terreno está sendo revolvido há mais de um século por uma revolução atrás da outra, onde não existe partido que não tenha dado a sua contribuição por meio de conspirações, revoltas e todas as demais ações revolucionárias; na França, onde, em decorrência disso, o exército de modo algum se encontra seguro na mão do governo e onde, de modo geral, as circunstâncias para um golpe insurrecional são bem mais favoráveis que na Alemanha – até mesmo na França, os socialistas cada vez mais estão se dando conta que não há perspectiva de vitória duradoura para eles se não ganharem primeiro o apoio da massa popular, isto é, nesse caso, dos camponeses. O lento trabalho de propaganda e de atividade parlamentar foi reconhecido também nesse caso como a próxima tarefa do partido. Os resultados não deixaram de aparecer. Não só foi conquistada toda uma série de conselhos comunais; nas Câmaras, cinquenta socialistas têm assento e já derrubaram três ministérios e um presidente da República. Na Bélgica, no ano passado, os trabalhadores forçaram a instituição do direito de voto e ganharam em um quarto das seções eleitorais. Na Suíça, na Itália, na Dinamarca, e até na Bulgária e na Romênia, os socialistas têm representantes nos Parlamentos. Na Áustria, todos os partidos concordam que não podem impedir por mais tempo o nosso acesso ao Conselho Imperial. Com certeza entraremos lá; o único ponto que ainda se discute é: por qual porta. E até mesmo quando se reúne na Rússia o famoso *Zemsky Sobor*, aquela Assembleia Nacional contra a qual o jovem Nicolau se fecha tão inutilmente, podemos contar com certeza que também ali estaremos representados.

Naturalmente os nossos companheiros estrangeiros não renunciam ao seu direito de fazer a revolução. Com efeito, o direito à

Prefácio

revolução é o único "direito histórico" *real*, o único sobre o qual estão fundados todos os Estados modernos sem exceção, incluindo Mecklenburg, cuja revolução da nobreza foi finalizada em 1755 pelo "acordo hereditário", a gloriosa garantia documental do feudalismo ainda hoje em vigor. O direito à revolução é tão irrevogavelmente reconhecido pela consciência universal que até o General Boguslavski deriva exclusivamente desse direito dos povos o direito ao golpe de Estado que ele reivindica para o seu imperador.

Porém, o que quer que aconteça em outros países, a social-democracia alemã tem uma posição específica e, pelo menos num primeiro momento, também uma tarefa específica. Os 2 milhões de eleitores que ela manda para as urnas, junto com os jovens homens e as jovens mulheres que os acompanham como não eleitores, formam a massa mais numerosa e mais compacta, a "tropa de choque" decisiva do exército proletário internacional. Essa massa já compõe mais de um quarto dos votos depostos nas urnas; e, como provam as eleições individuais para o Parlamento, as eleições para os parlamentos de cada estado federado, as eleições para os conselhos comunais e para as cortes profissionais, ela aumenta sem parar. O seu crescimento é tão espontâneo, tão constante, tão incessante e, ao mesmo tempo, tão silencioso quanto um processo natural. Todas as intervenções do governo se revelaram impotentes contra ele. Hoje já podemos contar com 2,25 milhões de eleitores. Se continuar assim, até o final do século conquistaremos a maior parte dos estratos médios da sociedade, tanto pequeno-burgueses como pequenos agricultores, e chegaremos à estatura de força decisiva no país, à qual todas as demais forças precisarão se curvar, querendo ou não. A nossa principal tarefa é manter esse crescimento ininterruptamente em marcha até que ele por si só sobrepuje o sistema de governo atual [(*versão 2*:) dominante] {, sem desgastar em lutas vanguardistas, esse ajuntamento de poder que se reforça a cada dia que passa, mas preservando-o intacto até o dia da decisão}. E só existe um meio pelo qual esse crescimento constante dos combatentes socialistas na Alemanha poderia ser detido momentaneamente e até ser levado a recuar por algum tempo: um confronto em grande escala com os militares, uma sangria como a de 1871 em Paris. Com o tempo também isso seria superado. Todas as espingardas de repetição da Europa e da América não seriam suficientes para eliminar do mundo a tiros um partido que conta com milhões de pessoas. Isso, porém, inibiria o desenvolvimento natural, {a tropa de choque talvez não estivesse disponível no momento crítico,} a luta decisiva [(*versão 2*:) a decisão] seria retardada, adiada, e exigiria maiores sacrifícios.

A ironia da história mundial vira tudo de cabeça para baixo. Nós, os "revolucionários", os "sublevadores", medramos muito melhor sob os meios legais do que sob os ilegais e a sublevação. Os partidos da ordem, como eles próprios se chamam, decaem no estado legal criado por eles mesmos. Clamam desesperados, valendo-se das palavras de Odilon Barrot: *la légalité nous tue*, a legalidade nos mata, ao passo que, sob essa legalidade, ganhamos músculos rijos e faces rosadas e temos a aparência da própria vida eterna. E se *nós* não formos loucos a ponto de nos deixar levar para as ruas só para agradá-los, acabará não lhes restando outra saída senão violar pessoalmente essa legalidade que lhes é tão fatal.

Por enquanto, eles estão elaborando novas leis contra a sublevação. Uma vez mais, tudo está de cabeça para baixo. Os atuais fanáticos da antissublevação não são os mesmos que praticaram a sublevação no passado? Por acaso fomos *nós* que conjuramos a guerra civil de 1866? Fomos nós que expulsamos o rei de Hannover, o príncipe eleitor de Hessen, o duque de Nassau das terras que legitimamente receberam como herança? Fomos nós que anexamos essas herdades? E esses sublevadores da Liga Alemã e de três coroas da mercê divina se queixam de sublevação? *Quis tulerit Gracchos de seditione querentes?*[4] Quem permitiria que os adoradores de Bismarck reclamassem de alguma sublevação?

Então, que imponham seus projetos de lei contra a sublevação, que os tornem ainda mais rigorosos, que transformem toda a lei

---

[4] "Quem toleraria que os Gracos se queixassem de alguma sedição?" (Juvenal, *Sátiras*, II, 24).

Prefácio

penal em cassetetes; não obterão nada além de uma nova prova de sua impotência. Para acossar seriamente a social-democracia eles terão de apelar para medidas de natureza bem diferente. Eles só poderão atingir a sublevação social-democrática, que no momento vive [(*versão 2:*) que justamente agora está tirando tanto proveito] do cumprimento das leis, por meio da sublevação promovida pelos partidos da ordem que não poderá viver sem violar as leis. O senhor Rössler, o burocrata prussiano, e o senhor Boguslavski, o general prussiano, mostraram-lhes o único modo pelo qual talvez possam atingir os trabalhadores que não se deixam mais atrair para a luta de rua. Violação da Constituição, ditadura, retorno ao absolutismo, *regis voluntas suprema lex!* [A vontade do rei é a lei suprema!] Pois então coragem, meus senhores, não adianta só fazer de conta, é preciso mostrar a que se veio!

Porém, não se esqueçam de que o Império Alemão, assim como todos os pequenos Estados e de modo geral todos os Estados modernos, é *produto do contrato*; do contrato, em primeiro lugar, dos príncipes entre si, em segundo lugar, dos príncipes com o povo. Se uma das partes romper o contrato, caduca todo o contrato, a outra parte também não estará mais obrigada por ele. {Bem de acordo com o belo exemplo que nos deu Bismarck em 1866. Portanto, se os senhores violarem a Constituição imperial, a social-democracia estará livre para fazer e deixar de fazer com os senhores o que bem entender. Mas o que ela fará então – isso ela dificilmente dirá hoje com todas as letras.}

Há quase exatos 1.600 anos atuava no Império Romano igualmente um perigoso partido da sublevação. Ele solapou a religião e todos os fundamentos do Estado, negou abertamente que a vontade do imperador fosse a lei suprema; era um partido sem pátria, internacional, expandindo-se por todas as terras do império desde a Gália até a Ásia e mesmo para além das fronteiras do império. Por longo tempo ele havia operado subterraneamente, na clandestinidade; porém, depois de certo tempo, ele se considerou suficientemente forte para mostrar-se abertamente à luz do dia. Esse partido da sublevação, que era conhecido pela designação "cristão", também tinha uma forte representação no exército; legiões inteiras eram cristãs. Quando recebiam ordens para dirigir-se às cerimônias sacrificiais da igreja territorial pagã para prestar as venerações de praxe, o atrevimento dos soldados sublevados era tal que, como forma de protesto, afixavam insígnias especiais – cruzes – em seus elmos. As intimidações costumeiras de caserna por parte dos superiores não surtiam nenhum efeito. O Imperador Diocleciano não pôde assistir por mais tempo como a ordem, a obediência e a disciplina eram minadas em seu exército. Ele interveio energicamente porque ainda havia tempo. Promulgou uma lei contra os socialistas, quer dizer, cristãos. As reuniões dos sublevadores foram proibidas, os seus salões de reunião fechados ou até demolidos, as insígnias cristãs, as cruzes etc. foram proibidas, como na Saxônia os lenços vermelhos. Os cristãos foram declarados incapazes de assumir cargos no Estado, nem mesmo libertos eles poderiam ser. Como naquele tempo ainda não se dispunha de juízes tão bem treinados em fazer "acepção de pessoas" como pressupõe o projeto de lei contra a sublevação, de autoria do senhor von Köller, os cristãos ficaram sumariamente proibidos de recorrer à justiça dos tribunais. Essa lei de exceção também ficou sem efeito. Os cristãos por zombaria a arrancaram dos muros e até se conta que teriam incendiado o palácio do imperador em Nicomédia com ele dentro. Ele então se vingou com a grande perseguição aos cristãos do ano 303 da nossa era. Foi a última desse tipo. E ela foi tão eficaz que, dezessete anos depois, o exército era composto em sua esmagadora maioria por cristãos, e o autocrata seguinte de todo o Império Romano, Constantino, chamado "o Grande" pelos padrecos, proclamou o cristianismo como religião do Estado.

Londres, 6 de março de 1895

AS LUTAS DE CLASSES NA FRANÇA
DE 1848 A 1850

INTRODUÇÃO

Com exceção de uns poucos capítulos, todo trecho de maior importância dos anais da revolução de 1848 a 1849 traz por título: *Derrota da revolução!*

O que sucumbiu nessas derrotas não foi a revolução. Foram os penduricalhos pré-revolucionários tradicionais, os resultados de relações sociais que ainda não haviam culminado em antagonismos agudos de classe – pessoas, ilusões, concepções, projetos, dos quais o partido revolucionário ainda não estivera livre antes da Revolução de Fevereiro[1] e dos quais se livraria não pela *vitória de fevereiro*, mas unicamente por força de uma série de *derrotas*.

Em suma: não foram suas conquistas tragicômicas imediatas que abriram caminho ao progresso revolucionário; muito pelo contrário, foi a geração de uma contrarrevolução coesa e poderosa, a geração de um adversário, e foi no combate a ele que o partido da revolta amadureceu, tornando-se um partido realmente revolucionário.

Demonstrar isso é a tarefa das páginas seguintes.

---

[1] Na Revolução de Fevereiro (22 a 25 de fevereiro de 1848), os trabalhadores, artífices e estudantes franceses derrubaram a monarquia burguesa constitucional de Luís Filipe e forçaram a proclamação da segunda República francesa.

I
A DERROTA DE JUNHO DE 1848
De fevereiro a junho de 1848

Após a Revolução de Julho[2], quando conduziu o seu *compère* [compadre, cúmplice], o Duque de Orléans, em triunfo até o *Hôtel de Ville* [câmara municipal de Paris], o banqueiro liberal Lafitte deixou escapar a seguinte frase: *"De agora em diante reinarão os banqueiros"*. Lafitte havia revelado o segredo da revolução.

Quem reinou sob Luís Filipe não foi a burguesia francesa, mas *uma facção* dela: os banqueiros, os reis da bolsa, os reis das ferrovias, os donos das minas de carvão e de ferro e os donos de florestas em conluio com uma parte da aristocracia proprietária de terras, a assim chamada *aristocracia financeira*. Ela ocupou o trono, ditou as leis nas câmaras, distribuiu os cargos públicos desde o ministério até a agência do tabaco.

A *burguesia industrial* propriamente dita compunha uma parte da oposição oficial, isto é, ela só estava minoritariamente representada na Câmara. Sua oposição despontava de modo tanto mais resoluto quanto mais claramente se desenvolvia a tirania da aristocracia financeira e quanto mais ela própria imaginava assegurado seu domínio sobre a classe operária após as revoltas de 1832, 1834 e 1839[3], que foram afogadas em sangue. *Grandin,* fabricante de Rouen, tanto na

---

[2] Trata-se da Revolução de Julho de 1830, na França, que se iniciou no dia 27 de julho e terminou no dia 29 do mesmo mês; a ela se seguiram levantes revolucionários em diversos países europeus.

[3] Marx se refere aqui à revolta republicana em Paris, nos dias 5 e 6 de junho de 1832, ao levante dos operários em Lyon, de 9 a 13 de abril de 1834, e à revolta em Paris de 12 de maio de 1839, nos quais os trabalhadores revolucionários igualmente desempenharam o papel principal.

Assembleia Nacional Constituinte quanto na Assembleia Legislativa, o órgão mais fanático da reação burguesa, foi o adversário mais veemente de Guizot na Câmara dos Deputados. *Léon Faucher*, que mais tarde se tornou conhecido por seus esforços impotentes para alçar-se à condição de Guizot da contrarrevolução francesa, travou com sua pena, nos últimos dias de Luís Filipe, uma guerra a favor da indústria e contra a especulação e seu caudatário, o governo. *Bastiat* fez campanha em nome de Bordeaux e de toda a França vinicultora contra o sistema dominante.

A *pequena burguesia* em todos os seus matizes, assim como a *classe camponesa*, havia sido totalmente excluída do poder político. Por fim, na oposição oficial ou inteiramente fora do *pays légal* [círculo das pessoas com direito a voto], estavam os representantes *ideológicos* e porta-vozes das classes mencionadas, seus literatos, advogados, médicos etc., em suma, suas assim chamadas *capacidades*.

Devido ao aperto financeiro em que se encontrava, a monarquia de julho de antemão era dependente da alta burguesia, e sua dependência da alta burguesia tornou-se fonte inesgotável de um aperto financeiro crescente. Era impossível subordinar a administração do Estado ao interesse da produção nacional sem restaurar o equilíbrio no orçamento, o equilíbrio entre as despesas e as receitas públicas. E como restabelecer esse equilíbrio sem restringir os gastos públicos, isto é, sem ferir interesses que eram todos igualmente esteios do sistema dominante e sem proceder a uma nova regulamentação do regime fiscal, ou seja, sem transferir uma parte considerável da carga tributária para os ombros da própria alta burguesia?

O endividamento do Estado era, muito antes, do *interesse direto* da facção burguesa que governava e legislava por meio das câmaras. Pois o *déficit público* constituía o objeto propriamente dito da sua especulação e a fonte de seu enriquecimento. No fim de cada ano, um novo déficit. Decorridos de quatro a cinco anos, um novo empréstimo. E cada novo empréstimo proporcionava à aristocracia financeira uma nova oportunidade de dar o calote no Estado artificialmente mantido no limiar da bancarrota – sendo obrigado a contrair a dívida com os banqueiros nas condições mais desfavoráveis para ele. Cada novo empréstimo tomado proporcionava uma segunda oportunidade de saquear o público que havia investido seus capitais em papéis do Estado, o que era feito mediante operações na bolsa, em cujos mistérios o governo e a maioria da câmara eram iniciados. De modo geral, o comportamento oscilante do crédito estatal e a posse dos segredos de Estado propiciavam aos banqueiros, assim como aos seus afiliados nas câmaras e no trono, a possibilidade de provocar oscilações extraordinárias e repentinas na cotação dos papéis do Estado, que necessariamente tinham como resultado a ruína de uma massa de capitalistas menores e o enriquecimento rápido e fabuloso dos grandes atores. O fato de o déficit público ser do interesse direto da facção dominante da burguesia explica porque, nos últimos anos do governo de Luís Filipe, os gastos públicos *extraordinários* foram duas vezes maiores do que os gastos públicos extraordinários sob Napoleão, atingindo anualmente a soma de quase 400 milhões de francos, enquanto a exportação anual total da França raramente atingiu, em média, o valor de 750 milhões de francos. As enormes somas que, desse modo, fluíam pelas mãos do Estado davam, além de tudo, margem a contratos de fornecimento extorsivos, pagamento de propinas, fraudes, toda espécie de patifaria. O abuso do Estado em grande escala por meio de empréstimos se repetia em cada detalhe dos serviços públicos. A relação entre câmara e governo se multiplicava na forma da relação entre as administrações individuais e os empresários individuais.

A classe dominante explorava a *construção das ferrovias* da mesma forma que fazia com os gastos públicos em geral e com os empréstimos estatais. As câmaras empurravam para o Estado o ônus principal e asseguravam à aristocracia financeira especuladora polpudos rendimentos. Ainda há viva lembrança dos escândalos na Câmara dos Deputados, quando fortuitamente veio à tona que todos os membros da maioria, incluindo uma parte dos ministros, tinham participação acionária nas mesmas construções ferroviárias que eles, logo depois, na condição de legisladores, mandavam construir às custas do Estado.

Karl Marx

A reforma financeira, em contrapartida, por menor que fosse, fracassava devido à influência dos banqueiros. Foi o caso, por exemplo, da *reforma postal*. Rothschild protestou. O Estado poderia reduzir fontes de receita que serviriam para amortizar os juros de sua dívida crescente?

A monarquia de julho nada mais foi que uma companhia de ações destinada à exploração do tesouro nacional da França, cujos dividendos eram distribuídos entre os ministros, as câmaras, 240 mil eleitores e seus acólitos. Luís Filipe era o diretor dessa companhia – era Robert Macaire sentado no trono. Comércio, indústria, agricultura, navegação e os interesses dos burgueses industriais estavam forçosamente ameaçados e prejudicados sob esse sistema. "Governo em oferta", "*gouvernement à bon marché*", foi escrito nas bandeiras das jornadas de julho.

Enquanto a aristocracia financeira ditava as leis, conduzia a administração do Estado, dispunha sobre o conjunto dos poderes públicos organizados, controlava a opinião pública por meio dos fatos e por meio da imprensa, repetiu-se em todas as esferas, da corte até o Café Borgne*, a mesma prostituição, a mesma fraude despudorada, a mesma ânsia de enriquecer não pela produção, mas pela escamoteação da riqueza alheia já existente, prorrompeu especialmente entre as lideranças da sociedade burguesa a validação irrefreável das cobiças doentias e dissolutas, que a cada instante colidiam com as próprias leis burguesas. Nessa situação, a riqueza resultante desse jogo, por sua própria natureza, busca sua satisfação, a fruição se torna *crapuleuse* [crapulosa, devassa], dinheiro, sujeira e sangue confluem. A aristocracia financeira, tanto no modo de obter seus ganhos quanto no modo de desfrutar deles, nada mais é que o *renascimento do lumpemproletariado nas camadas mais altas da sociedade burguesa*.

E as facções não dominantes da burguesia francesa bradaram: "*Corrupção!*". O povo bradou: "*À bas les grands voleurs! À bas les assassins!*" [Abaixo os grandes ladrões! Abaixo os assassinos!], quando, no ano de 1847, foram apresentadas publicamente, em um dos

---
* Sinônimo de cafeterias e bares de má reputação em Paris. (N. T.)

As lutas de classes na França de 1848 a 1850

palcos mais sublimes da sociedade burguesa, as mesmas cenas que costumavam levar o lumpemproletariado aos bordéis, aos asilos de pobres e hospícios, perante o juiz, aos *bagnos* [cárceres] e ao patíbulo. A burguesia industrial viu seus interesses em perigo, a pequena burguesia ficou moralmente indignada, a fantasia popular se revoltou, Paris foi inundada com panfletos – "*La dynastie Rothschild*" [A dinastia Rothschild], "*Les juifs rois de l'époque*" [Os judeus, reis da nossa época] etc. – em que o governo da aristocracia financeira foi denunciado e estigmatizado com maior ou menor espirituosidade.

Rien pour la gloire! [Nada por glória!] A glória não traz nada! *La paix partout et toujours!* [A paz em toda parte e sempre!] A guerra pressiona a cotação dos que têm três ou quatro por cento! – foi isso que a França dos judeus da bolsa escreveu em suas bandeiras. Sua política externa perdeu-se, em consequência, em uma série de insultos ao sentimento nacionalista francês, que se revoltou com veemência ainda maior quando se consumou o roubo à Polônia com a anexação da Cracóvia pela Áustria e quando, na guerra civil suíça [*Sonderbundskrieg*], Guizot tomou ativamente o partido da Santa Aliança. A vitória dos liberais suíços nessa guerra fictícia elevou a autoestima da oposição burguesa na França, o levante sangrento do povo em Palermo teve o efeito de um choque elétrico sobre a massa popular paralisada e despertou suas grandes memórias e paixões revolucionárias*.

Por fim, a explosão do descontentamento geral foi acelerada, os ânimos se acirraram para a revolta em virtude de *dois acontecimentos econômicos mundiais*.

A *doença da batata inglesa* e as *quebras de safra* de 1845 e 1846 aumentaram a intensidade da efervescência entre o povo. A carestia de 1847 provocou conflitos sangrentos, tanto na França quanto no resto do continente. Em contraste com as orgias despudoradas da aristocracia financeira – a luta do povo pelos gêneros primários

---

* Anexação da Cracóvia pela Áustria de comum acordo com a Rússia e a Prússia: 11 de novembro de 1846. Guerra civil suíça [*Sonderbundskrieg*]: 4 a 28 de novembro de 1847. Revolta em Palermo: de 12 de janeiro de 1848 ao final de janeiro; os napolitanos bombardearam a cidade durante nove dias. (Nota de F. Engels à edição alemã de 1895.)

de subsistência! Em Buzançais, revoltosos famintos sendo executados[4], em Paris *escrocs* [escroques] empanturrados livrando-se dos tribunais com o apoio da família real!

O segundo grande evento econômico que acelerou a irrupção da revolução foi uma *crise geral do comércio e da indústria* na Inglaterra; anunciada já no outono de 1845 pela derrota maciça dos especuladores nas ações ferroviárias, adiada durante o ano de 1846 por uma série de pontos incidentais, como a revogação iminente da taxação dos grãos, ela acabou estourando no outono de 1847 na bancarrota dos grandes comerciantes de mercadorias colonialistas de Londres, seguida de imediato pela falência dos bancos provinciais e pelo fechamento das fábricas nos distritos industriais ingleses. A repercussão dessa crise sobre o continente ainda não havia se esgotado quando irrompeu a Revolução de Fevereiro.

A devastação do comércio e da indústria pela epidemia econômica tornou a tirania da aristocracia financeira ainda mais insuportável. Em toda a França, a burguesia oposicionista *fez uma campanha festiva* a favor de uma *reforma eleitoral*, visando conquistar para ela a maioria nas câmaras e derrubar o ministério da bolsa. Em Paris, a crise industrial ainda gerou a consequência específica de jogar no mercado interno uma massa de fabricantes e grandes comerciantes que, nas circunstâncias dadas, não conseguiam mais fazer negócios no mercado externo. Eles edificaram grandes *établissements* [estabelecimentos], cuja concorrência levou uma massa de *épiciers* [merceeiros, vendeiros] e *boutiquiers* [pequenos lojistas] à ruína. Daí a grande quantidade de falidos nessa parcela da burguesia parisiense, daí a sua ação revolucionária em fevereiro. É sabido que Guizot e as câmaras responderam às propostas de reforma com um desafio que não deixava margem à dúvida, que Luís Filipe decidiu, tarde demais, instituir um ministério Barrot, que se produziu o combate entre o povo e o exército, que o exército foi desarmado devido à atitude passiva da Guarda

---

[4] Em Buzançais, no *Département l'Indre*, ocorreram, em janeiro de 1847, agitações em virtude da fome; três participantes foram condenados à morte e muitos outros a trabalhos forçados e prisão.

Nacional, que a monarquia de julho foi forçada a ceder seu lugar a um governo provisório.

O *governo provisório*, erigido sobre as barricadas de fevereiro, necessariamente refletiu em sua composição os diversos partidos entre os quais se dividiu a vitória. Ele nada podia ser além de um *compromisso entre as muitas classes* que haviam se unido para derrubar o trono de julho; seus interesses, no entanto, contrapunham-se hostilmente. A *maioria* desse governo era composta de representantes da burguesia. A pequena burguesia republicana era representada por Ledru-Rollin e Flocon, a burguesia republicana, pelo pessoal do *National*, a oposição dinástica, por Crémieux, Dupont de l'Eure etc. A classe operária tinha apenas dois representantes, Louis Blanc e Albert. Por fim, Lamartine não representava nenhum interesse real, nenhuma classe determinada no governo provisório; ele era a própria Revolução de Fevereiro, a sublevação conjunta com suas ilusões, sua poesia, seu conteúdo imaginário e sua fraseologia. De resto, o porta-voz da Revolução de Fevereiro, tanto por seu posicionamento quanto por seus pontos de vista, fazia parte da *burguesia*.

Enquanto Paris domina a França em decorrência da centralização política, são os trabalhadores que, em momentos de terremoto revolucionário, dominam Paris. O primeiro sinal de vida do governo provisório foi a tentativa de subtrair-se a essa imponente influência por meio de um apelo dirigido pela Paris embriagada à França sóbria. Lamartine negou aos que lutaram nas barricadas o direito de proclamar a república, pois isso competiria unicamente à maior parte dos franceses; seria preciso aguardar que depusessem seu voto; o proletariado parisiense não deveria manchar a sua vitória com uma usurpação. A burguesia permitia ao proletariado *uma única* usurpação – a da luta.

Ao meio-dia de 25 de fevereiro, a república ainda não havia sido proclamada; em contrapartida, todos os ministérios já haviam sido distribuídos entre os elementos burgueses do governo provisório e entre os generais, banqueiros e advogados do *National*. Dessa vez, porém, os trabalhadores estavam decididos a não tolerar uma escamotagem parecida com a de julho de 1830. Eles estavam dispostos

Karl Marx

a retomar a luta e impor a república pela força das armas. Foi com essa mensagem que *Raspail* se dirigiu ao *Hôtel de Ville*: em nome do proletariado parisiense, ele *ordenou* ao governo provisório que proclamasse a república; se essa ordem do povo não se cumprisse dentro de no máximo duas horas, ele retornaria à frente de 200 mil homens. Os cadáveres dos que tombaram tinham acabado de esfriar, as barricadas ainda não haviam sido retiradas, os trabalhadores não haviam sido desarmados e a única força que se poderia contrapor a eles era a Guarda Nacional. Diante dessas circunstâncias sumiram de repente os argumentos que alegavam razões de Estado e os escrúpulos de consciência jurídicos do governo provisório. O prazo de duas horas ainda não havia transcorrido e todos os muros de Paris já ostentavam as gigantescas palavras históricas: *République français! Liberté, Egalité, Fraternité!* [República francesa! Liberdade, Igualdade, Fraternidade!].

A proclamação da república com base no sufrágio universal apagou até mesmo a lembrança dos propósitos e motivos limitados que haviam feito a burguesia correr para a Revolução de Fevereiro. Em lugar das poucas facções da burguesia, de repente todas as classes da sociedade francesa foram lançadas para dentro da esfera do poder político, forçadas a abandonar os camarotes, o *parterre* [as plateias] e as galerias e desempenhar pessoalmente seu papel no palco revolucionário! Junto com o reinado constitucional desapareceu inclusive a aparência de um poder de Estado arbitrariamente contraposto à sociedade burguesa, levando com ela toda a série de lutas secundárias que esse pseudopoder provoca!

Ao ditar a república ao governo provisório e, por meio do governo provisório, a toda a França, o proletariado ocupou imediatamente o primeiro plano como partido autônomo, mas, ao mesmo tempo, desafiou toda a França burguesa a se unir contra ele. O que ele conquistou foi somente o terreno para travar a luta por sua emancipação revolucionária, mas de modo algum a própria emancipação.

Antes disso, a primeira medida que a república de fevereiro teve de tomar foi *consumar o domínio da burguesia*, permitindo que *todas as classes proprietárias* ingressassem ao lado da aristocracia financeira na esfera do poder político. A maioria dos grandes proprietários de terras, os legitimistas[5], foi emancipada da nulidade política a que a monarquia de julho a havia condenado. Não foi por nada que a *Gazette de France* agitou junto com os jornais oposicionistas, não foi por nada que La Rochejaquelein tomou o partido da revolução na sessão da Câmara dos Deputados de 24 fevereiro. Mediante o sufrágio universal, os proprietários nominais, que compõem a maioria dos franceses, os *agricultores*, foram instituídos como juízes sobre o destino da França. Por fim, a república de fevereiro fez com que a dominação dos burgueses aparecesse em sua forma pura, ao derrubar a coroa atrás da qual se escondia o capital.

Assim como os trabalhadores haviam conquistado pela luta a *monarquia burguesa* nas jornadas de julho, eles conquistaram, nas jornadas de fevereiro, a *república burguesa*. Assim como a monarquia de julho fora obrigada a se anunciar como uma *monarquia, rodeada de instituições republicanas*, a república de fevereiro foi forçada a se anunciar como uma *república, rodeada de instituições sociais*. O proletariado parisiense *impôs* também essa concessão.

Marche, um operário, ditou o decreto em que o governo provisório recém-constituído se comprometia a assegurar a existência dos trabalhadores mediante trabalho, a providenciar emprego para todos os cidadãos etc. E quando, poucos dias depois, ele esqueceu seu compromisso, parecendo tê-lo perdido de vista, uma massa de 20 mil trabalhadores marchou até o *Hôtel de Ville* bradando: "*Organização do trabalho! Criação de um ministério próprio do trabalho!*". De modo relutante e após longos debates, o governo provisório nomeou uma comissão especial permanente, encarregada de *descobrir* os meios para o melhoramento das classes trabalhadoras! Essa comissão foi composta de delegados das guildas dos artesãos de Paris e presidida por Louis Blanc e Albert. O Palácio do Luxemburgo lhes

---

[5] Denominavam-se legitimistas os partidários da dinastia de Bourbon, que governou a França de 1589 a 1793 e durante o período da restauração, de 1814 a 1830.

foi designado como local de reuniões. Assim, os representantes da classe operária foram banidos da sede do governo provisório, a sua porção burguesa manteve o poder real do Estado e as rédeas da administração exclusivamente em suas mãos e, *ao lado* dos ministérios das finanças, do comércio, dos serviços públicos, *ao lado* do banco e da bolsa, levantou-se uma *sinagoga socialista*, cujos sumos sacerdotes, Louis Blanc e Albert, estavam incumbidos de descobrir a terra prometida, anunciar o novo evangelho e dar trabalho ao proletariado parisiense. Diferentemente de qualquer poder estatal profano, eles não dispunham de nenhum orçamento, de nenhum poder executivo. Esperava-se que eles derrubassem as colunas de sustentação da sociedade burguesa a cabeçadas. Enquanto o Luxemburgo buscava a pedra filosofal, no *Hôtel de Ville* se cunhava a moeda corrente.

Contudo, na medida em que as reivindicações do proletariado parisiense extrapolassem a república burguesa, elas não poderiam mesmo ter senão a existência nebulosa do Luxemburgo.

Os trabalhadores haviam feito a Revolução de Fevereiro junto com a burguesia, mas procuraram impor seus interesses *ao lado* da burguesia, assim como haviam instalado, no próprio governo provisório, um trabalhador ao lado da maioria burguesa. *Organização do trabalho!* Sim, mas o trabalho assalariado é a organização burguesa já existente do trabalho. Sem ela, não há capital, não há burguesia, não há sociedade burguesa. Um *ministério próprio do trabalho!* Sim, mas os ministérios das finanças, do comércio e dos serviços públicos já não são os ministérios burgueses do trabalho? E, posto ao lado destes, um ministério do trabalho *proletário* só poderia ser um ministério da impotência, um ministério dos desejos piedosos, uma comissão do Luxemburgo. Assim como os trabalhadores acreditavam poder se emancipar paralelamente à burguesia, eles acharam que podiam realizar a revolução proletária à parte das demais nações burguesas, confinados dentro das paredes nacionais da França. Porém, as relações de produção francesas são condicionadas pelo comércio exterior da França, por sua posição no mercado mundial e pelos seus limites;

como poderia a França rompê-los sem uma guerra revolucionária que atingisse o déspota do mercado mundial, a Inglaterra?

Uma classe na qual os interesses revolucionários da sociedade se concentram encontra, no momento em que ascende, diretamente em sua própria condição, o conteúdo e o material de sua atividade revolucionária: abater inimigos e adotar as medidas exigidas pela necessidade da luta; são as consequências de seus próprios feitos que a impulsionam a prosseguir. Ela não faz investigações teóricas sobre a tarefa que lhe cabe. Contudo, a classe operária francesa ainda não tinha chegado a esse ponto; ela ainda era incapaz de realizar a sua própria revolução.

O desenvolvimento do proletariado industrial, de modo geral, é condicionado pelo desenvolvimento da burguesia industrial. É sob o domínio desta que ele consegue estender sua existência ao plano nacional, tornando-se capaz de conferir à sua revolução uma amplitude nacional, conseguindo criar os modernos meios de produção, cada um deles servindo de meio para a sua libertação revolucionária. É esse domínio que arranca a sociedade feudal pelas suas raízes materiais e nivela o terreno, no qual unicamente se torna possível uma revolução proletária. A indústria francesa possui um nível mais elevado de formação, e a burguesia francesa apresenta um desenvolvimento mais revolucionário do que a do restante do continente. Mas a Revolução de Fevereiro não foi dirigida diretamente contra a aristocracia financeira? Esse fato demonstrou que não era a burguesia industrial que dominava a França. A burguesia industrial pode apenas dominar onde a indústria moderna confere a todas as relações de propriedade a forma que lhe corresponde, e a indústria só é capaz de obter esse poder onde ela tiver conquistado o mercado mundial, porque as fronteiras nacionais não comportam o seu desenvolvimento. Mas a indústria da França, em grande parte, só consegue levar a melhor, inclusive no mercado nacional, mediante um sistema proibitivo mais ou menos modificado. Em consequência, enquanto o proletariado francês, no momento da revolução, possuía um poder e uma influência de fato em Paris, que o incitaram a uma acometida que foi além dos seus recursos, no restante da França ele se encontra comprimido em alguns centros industriais isolados e dispersos, quase desaparecendo entre a maioria de agricultores e pequeno-burgueses. A luta contra o capital em sua forma moderna e desenvolvida – ou seja, em seu aspecto principal, que é a luta do trabalhador industrial assalariado contra o burguês industrial – constituiu um fato parcial na França; ela tinha menos condições ainda de representar o conteúdo nacional da revolução depois das jornadas de fevereiro, visto que a luta contra os modos secundários de exploração pelo capital, do agricultor contra o agiota e a hipoteca, do pequeno-burguês contra o grande comerciante, o banqueiro e o fabricante, em suma, contra a bancarrota, ainda se apresentava no envoltório da sublevação geral contra a aristocracia financeira. Nada mais fácil de explicar, portanto, do que o fato de o proletariado parisiense ter procurado impor o seu interesse *paralelamente* ao interesse burguês, em vez de legitimá-lo como o interesse revolucionário da própria sociedade; nada mais fácil de explicar do que o fato de ele ter baixado a bandeira *vermelha* diante da *tricolor*[6]. Os trabalhadores franceses não puderam dar nenhum passo adiante, não puderam tocar em um cabelo sequer da ordem burguesa enquanto o curso da revolução não obrigou a massa da nação que se encontrava entre o proletariado e a burguesia, os agricultores e pequeno-burgueses, revoltados contra essa ordem, contra a dominação do capital, a se unirem aos proletários como sua linha de frente na batalha. Os trabalhadores só puderam obter essa vitória pagando o preço da derrota de junho[7].

---

[6] No dia 25 de fevereiro de 1848, os trabalhadores revolucionários de Paris exigiram que a bandeira vermelha fosse declarada estandarte nacional; os deputados burgueses, no entanto, insistiram na bandeira tricolor, e os trabalhadores tiveram de concordar que a bandeira tricolor fosse declarada estandarte nacional da República da França.

[7] A Insurreição de Junho, a revolta do proletariado parisiense de 23 a 26 de junho de 1848, foi o primeiro grande embate entre a burguesia e o proletariado. Isolado de seus aliados pequeno-burgueses e camponeses e sem uma liderança global, o proletariado parisiense sofreu uma derrota sangrenta. A insurreição constituiu uma viravolta na revolução em toda a Europa. A contrarrevolução assumiu contornos definitivos e partiu para o contra-ataque.

À comissão do Luxemburgo, a essa criação do trabalhador parisiense, resta o mérito de ter revelado, de cima de uma tribuna europeia, o segredo da revolução do século XIX: *a emancipação do proletariado.* O *Moniteur* enrubesceu quando teve de propagar oficialmente os "delírios incontidos" que até aquele momento haviam jazido nos escritos apócrifos dos socialistas e só de tempos em tempos haviam reverberado nos ouvidos da burguesia como sagas remotas, meio terríveis, meio ridículas. Surpresa, a Europa se levantou de um pulo de sua semissonolência burguesa. Na ideia dos proletários, portanto, que confundiam a aristocracia financeira com a burguesia em geral; na fantasia dos homens de bem republicanos, que negavam inclusive a existência das classes ou, no máximo, admitiam-nas como consequência da monarquia constitucional; na fraseologia hipócrita das facções burguesas até ali excluídas do domínio, o *domínio da burguesia* fora eliminado com a introdução da república. Naquela hora, todos os monarquistas se transformaram em republicanos e todos os milionários de Paris em trabalhadores. A fraseologia que correspondeu a essa eliminação imaginária das relações de classe foi a da *fraternité*, a confraternização e fraternidade universal. Uma abstração cômoda dos antagonismos de classe, uma nivelação sentimental dos interesses de classe contraditórios, uma exaltação delirante acima da luta de classes, a *fraternité*: essa foi a palavra-chave propriamente dita da Revolução de Fevereiro. As classes estavam divididas por um simples *mal-entendido* e Lamartine batizou o governo provisório no dia 24 de fevereiro de: *"un gouvernement qui suspende ce malentendu terrible qui existe entre les différent classes"* [um governo que suspende esse terrível mal-entendido que existe entre as diferentes classes]. O proletariado parisiense se deleitou nesse êxtase benevolente da fraternidade.

O governo provisório, por sua vez, tendo sido forçado a proclamar a república, fez de tudo para se tornar aceitável à burguesia e às províncias. Os sangrentos atos de terror da primeira República francesa foram desautorizados pela revogação da pena de morte para crimes políticos, a imprensa foi liberada para todas as opiniões, o exército, os tribunais e a administração permaneceram, com poucas exceções, nas mãos de seus antigos dignitários e nenhum dos grandes culpados da monarquia de julho foi responsabilizado. Os republicanos burgueses do *National* se divertiam trocando os nomes e os trajes monárquicos pelos da Velha República. Para eles, a república nada mais era que um novo traje de gala para a velha sociedade burguesa. A jovem república buscou reconhecimento principalmente optando por não dar sustos em ninguém, mas por viver assustando-se ela mesma, garantindo a sua continuidade e desarmando as forças contrárias por meio de uma frouxa condescendência e pela incapacidade de oferecer resistência. Proclamou-se em alto e bom som para as classes privilegiadas dentro do país e para as potências despóticas no exterior que a república seria de natureza pacífica. Seu lema seria "viver e deixar viver". Ocorreu, ademais, que, pouco depois da Revolução de Fevereiro, alemães, poloneses, austríacos, húngaros, italianos, todos os povos começaram a se revoltar, cada um conforme a sua situação imediata. A Rússia, apesar de ter se agitado, e a Inglaterra, apesar de intimidada, ainda não estavam preparadas. A república não se defrontava, portanto, com nenhum inimigo *nacional*. Portanto, não havia grandiosas implicações externas a inflamar a energia para a ação, acelerar o processo revolucionário, impulsionar o governo provisório para a frente ou jogá-lo ao mar. O proletariado parisiense, que via a república como sua própria criação, naturalmente aclamou cada ato do governo provisório que lhe facilitasse alcançar um lugar na sociedade burguesa. Voluntariamente ele se deixou usar por Caussidière para exercer serviços de policiamento, para proteger a propriedade em Paris; da mesma forma, permitiu que as divergências salariais entre trabalhadores e mestres fossem dirimidas por Louis Blanc. Seu *point d'honneur* [questão de honra] era manter a honra burguesa da república intocada aos olhos da Europa.

A república não encontrou resistência, nem de fora, nem de dentro. Isso a desarmou. Sua tarefa deixou de ser a de conferir um formato revolucionário ao mundo e passou a ser tão somente a de adaptar-se às relações e condições da sociedade burguesa. E não há testemunho mais eloquente do fanatismo com que o governo provisório se dedicou a essa tarefa do que as *medidas financeiras* que tomou.

O *crédito público* e o *crédito privado* naturalmente estavam abalados. O *crédito público* baseava-se na confiança de que o Estado se deixaria explorar pelos judeus das finanças. Porém, o velho Estado tinha desaparecido, e a revolução havia se dirigido sobretudo contra a aristocracia financeira. As repercussões da última crise comercial europeia ainda não haviam cessado: ainda se sucediam as bancarrotas.

O *crédito privado* se encontrava, portanto, paralisado, a circulação emperrada e a produção parada antes da irrupção da Revolução de Fevereiro. A crise revolucionária intensificou a crise comercial. E se o crédito privado se baseava na confiança de que a produção burguesa em toda a magnitude de suas relações, ou seja, de que a ordem burguesa está intocada e é intocável, qual seria o efeito de uma revolução que questionava a base da produção burguesa, a escravidão econômica do proletariado, que levantava diante dos olhos da bolsa a esfinge do Luxemburgo? O levante do proletariado significa a eliminação do crédito burguês, pois é a eliminação da produção burguesa e sua ordem. O crédito público e o crédito privado são o termômetro econômico que permite medir a intensidade de uma revolução. *Na mesma proporção em que aqueles caem, sobem o ardor e a fecundidade da revolução.*

O governo provisório visava despir a república de sua aparência antiburguesa. Em consequência, ela teve de forçosamente garantir sobretudo o *valor de troca* dessa nova forma de Estado, garantir a sua *cotação* na bolsa. Restabelecida a cotação da república na bolsa, necessariamente voltou a crescer a oferta de crédito privado.

Para eliminar até mesmo a *suspeita* de que não quisesse ou não pudesse honrar os compromissos assumidos da monarquia, para conferir credibilidade à moral burguesa e à solvência da república, o governo provisório recorreu a uma bravata tão indigna quanto infantil. *Antes* do prazo legal para o pagamento, ele pagou aos credores do Estado os juros sobre os 5%, 4,5% e 4% [das obrigações]. O *aplomb* burguês, a autoconfiança dos capitalistas, despertou subitamente quando se deram conta da pressa angustiada com que se tentava comprar sua confiança.

É claro que a manobra da encenação não fez com que as dificuldades financeiras do governo provisório diminuíssem, já que o privou do dinheiro vivo que tinha de reserva. Não havia como esconder por mais tempo o apuro financeiro, e os *pequeno-burgueses, serviçais e trabalhadores* tiveram de arcar com o custo da bela surpresa que havia sido feita aos credores do Estado.

As *cadernetas de poupança* com valores acima de cem francos foram declaradas irresgatáveis em dinheiro. As somas depositadas nas caixas econômicas foram confiscadas e transformadas por decreto em dívida pública irresgatável. Isso fez com que o *pequeno-burguês*, que de qualquer modo já estava no aperto, ficasse enfurecido com a república. Ao receber títulos de dívida do Estado em lugar de sua caderneta de poupança, ele foi forçado a recorrer à bolsa para vendê-los e, assim, a se entregar diretamente nas mãos dos judeus da bolsa, contra os quais ele havia feito a Revolução de Fevereiro.

A aristocracia financeira, que dominara sob a monarquia de julho, dispunha de uma alta igreja: o *banco*. Assim como a bolsa rege o crédito público, o banco rege o *crédito comercial*.

Vendo não só o seu domínio, mas também a sua existência ameaçados diretamente pela Revolução de Fevereiro, o banco procurou logo desacreditar a república, generalizando a falta de crédito. De repente, ele negou crédito aos banqueiros, aos fabricantes e aos comerciantes. Essa manobra, na medida em que não provocou uma contrarrevolução imediata, voltou-se necessariamente contra o próprio banco. Os capitalistas retiraram o dinheiro que haviam depositado nas caixas-fortes. Aqueles que possuíam notas bancárias correram ao caixa para trocá-las por ouro e prata.

Sem qualquer intervenção violenta, pela via legal, o governo provisório poderia ter levado o banco à *bancarrota*; só o que precisava fazer era comportar-se passivamente e abandoná-lo à sua própria sorte. A *bancarrota do banco* teria sido o dilúvio que, em um piscar de olhos, varreria do território francês a aristocracia financeira, a inimiga mais poderosa e perigosa da república, e o pedestal dourado da monarquia de julho. E, uma vez que o banco fosse à bancarrota, a própria burguesia teria de encarar a criação de um banco nacional por parte do governo e a sujeição do crédito nacional ao controle da nação como última tentativa desesperada de salvação.

Em contraposição, o governo provisório estabeleceu uma *cotação compulsória* para as notas bancárias. E fez mais. Ele transformou todos os bancos provinciais em filiais do *Banque de France* [Banco da França], permitindo que este jogasse a sua teia sobre toda a França. Mais tarde, ele lhe hipotecou as *florestas do Estado* como garantia para um empréstimo que contraíra junto a ele. Assim, a Revolução de Fevereiro consolidou e ampliou diretamente a bancocracia que deveria derrubar.

Entrementes o governo provisório se curvava sob o pesadelo de um déficit crescente. Em vão ele mendigou sacrifícios patrióticos. Só os trabalhadores lhe jogavam esmolas. Era preciso lançar mão de um recurso heroico: a decretação de um *novo imposto*. Mas cobrar imposto de quem? Dos lobos da bolsa, dos reis dos bancos, dos credores do Estado, dos rentistas ou dos industriais? Isso não seria o meio mais adequado de fazer a república cair nas boas graças da burguesia. Isso significaria pôr o crédito do Estado e o crédito comercial em risco de um lado, enquanto do outro se procurava preservá-lo à custa de tantos sacrifícios e humilhações. Mas alguém teria de arcar com as consequências desses atos. Quem seria sacrificado pelo crédito burguês? *Jacques le bonhomme*[8], o *agricultor*.

O governo provisório decretou um aumento dos quatro impostos diretos na ordem de 45 cêntimos por franco. O proletariado parisiense caiu no conto da imprensa governista de que o imposto recairia preferencialmente sobre a grande propriedade de terras, sobre os donos do bilhão outorgado pela Restauração[9]. Na verdade,

---

[8] "Jacó, o pacóvio" era a designação depreciativa com que os nobres se referiam ao agricultor.

[9] No ano de 1825, o poder imperial restaurado pagou aos aristocratas que tiveram seus bens confiscados durante a Revolução Francesa 1 bilhão de francos a título de indenização.

porém, ele atingiu sobretudo a *classe camponesa,* isto é, a maioria do povo francês. *Esta teve de arcar com os custos da Revolução de Fevereiro*; foi dela que a contrarrevolução obteve a parte principal do seu material. O imposto dos 45 cêntimos representou uma questão de sobrevivência para o agricultor francês; ele fez disso uma questão de sobrevivência da república. Para o agricultor francês, a *república* era, a partir daquele momento, o *imposto dos 45 cêntimos*, e ele vislumbrou, no proletariado parisiense, o esbanjador que se enriquecia mais às suas custas.

Ao passo que a Revolução de 1789 começou livrando os agricultores das cargas tributárias feudais, a Revolução de 1848, para não pôr o capital em risco e manter em marcha a máquina do seu Estado, anunciou-se à população do campo com um novo imposto.

O governo provisório dispunha de *um único* meio para eliminar todas essas inconveniências e jogar o Estado para fora dos seus velhos trilhos: *declarar a bancarrota do Estado*. Ainda nos lembramos que Ledru-Rollin posteriormente, na Assembleia Nacional, declamou a indignação virtuosa com que tinha rejeitado essa proposta descabida do judeu da bolsa Fould, o então ministro das finanças da França. Fould lhe havia oferecido a maçã da árvore do conhecimento.

Ao reconhecer as promissórias que a velha sociedade burguesa havia emitido contra o Estado, o governo provisório se entregou em suas mãos. Ele passou a ser o devedor pressionado pela sociedade burguesa, em vez de se defrontar com ela como credor ameaçador que estava fazendo a cobrança revolucionária do pagamento das dívidas de muitos anos. Ele teve de reforçar as relações burguesas cambaleantes para honrar compromissos que só podem ser cumpridos dentro dessas relações. O crédito havia se transformado em condição de sobrevivência, e as concessões ao proletariado, as promessas que lhe haviam sido feitas, equivaliam em número aos *grilhões* que *tinham de* ser despedaçados. A emancipação dos trabalhadores – mesmo como mera *fraseologia* – se transformou em um perigo insustentável para a nova república, pois ela representava um protesto constante contra a instauração do crédito que estava baseado no reconhecimento

As lutas de classes na França de 1848 a 1850

sereno e desanuviado das relações econômicas de classe existentes. Era preciso, portanto, *acabar com os trabalhadores*.

A Revolução de Fevereiro expulsara o exército de Paris. A Guarda Nacional, isto é, a burguesia em seus diversos matizes, constituía a única força presente. Só que ela não se julgava capaz de enfrentar o proletariado. Além disso, fora obrigada, ainda que depois da mais tenaz resistência, alegando centenas de impedimentos diferentes, a abrir gradativa e fracionadamente suas fileiras e a permitir o ingresso de proletários armados. Diante disso, só restou uma saída: *contrapor uma parcela dos proletários à outra*.

Com essa finalidade o governo provisório instituiu os 24 batalhões da *Guarda Móvel*[10], cada um composto de mil homens recrutados entre os jovens de quinze a vinte anos, oriundos, em grande parte, do *lumpemproletariado*, que, em todas as grandes cidades, compunha uma massa que se distinguia claramente do proletariado industrial e na qual eram recrutados ladrões e criminosos de todo tipo, que viviam das sobras da sociedade, gente sem trabalho fixo, vadios, *gens sans feu et sans aveu* [gente sem teto], distinguindo-se de acordo com o nível de educação da nação à qual pertenciam, mas nunca renegando seu caráter lazarônico; na jovem idade em que o governo provisório os recrutou, eram perfeitamente influenciáveis, capazes dos maiores heroísmos e da mais exaltada abnegação, bem como do mais ordinário banditismo e da mais nojenta venalidade. O governo provisório lhes pagava um franco e cinquenta cêntimos por dia, isto é, ele os comprava. Ele lhes deu um uniforme próprio, isto é, diferenciou-os exteriormente da blusa [usada pelos trabalhadores]. Em parte, designou-os como líderes oficiais do exército permanente, em parte eles próprios elegeram jovens filhos de burgueses, cujas fanfarrices a respeito de morrer pela pátria e de entregar-se pela república cativavam os demais.

---

[10] A formação de uma Guarda Móvel foi decidida no dia 25 de fevereiro de 1848 pelo governo provisório. As determinações de implementação, emitidas dois dias depois, estabeleceram que ela seria composta de 24 batalhões de 1.058 homens cada. Grandes parcelas da Guarda Móvel, recrutada principalmente dentre o lumpemproletariado parisiense, deixaram-se manipular contra os trabalhadores revolucionários durante a Insurreição de Junho de 1848, auxiliando os reacionários a esmagar essa revolta.

Desse modo, o proletariado parisiense passou a defrontar-se com um exército de 24 mil homens intrépidos no pleno vigor de sua juventude, recrutados do seu próprio meio. Ele gritava *Vivat!* à Guarda Móvel em suas marchas por Paris. Ele reconheceu neles a sua frente de batalha nas barricadas. Ele os via como a guarda *proletária* em contraposição à Guarda Nacional burguesa. Seu equívoco era perdoável.

Paralelamente à Guarda Móvel, o governo decidiu juntar em torno de si um exército de trabalhadores da indústria. Centenas de milhares de trabalhadores postos na rua pela crise e pela revolução foram alistados pelo ministro Marie nos assim chamados Ateliês Nacionais[11]. Atrás desse pomposo nome se escondia nada mais do que a utilização dos trabalhadores para a realização de tarefas enfadonhas, monótonas e improdutivas de remoção de terra por um salário de 23 *sous*. *Workhouses* [asilos de pobres] *ingleses ao ar livre* – nada mais do que isso eram esses Ateliês Nacionais. O governo provisório pensou ter formado com eles um *segundo exército proletário contra os próprios trabalhadores*. Dessa vez foi a burguesia que se equivocou com os Ateliês Nacionais, assim como os trabalhadores haviam se equivocado com a Guarda Móvel. Ela acabara de criar um *exército para a revolta*.

Porém, *um* propósito havia sido alcançado.

Ateliês Nacionais – esse era o nome das oficinas populares pregadas por Louis Blanc no Luxemburgo. Os ateliês de Marie, concebidos em *contraposição* direta aos de Luxemburgo, mas designados pelo mesmo nome, deram ocasião a uma intriga de erros digna da comédia dos servos* espanhola. O próprio governo provisório divulgou às escondidas o boato de que esses Ateliês Nacionais seriam uma invenção de Louis Blanc, e isso tinha certa credibilidade pelo fato de Louis Blanc,

---

[11] A formação dos Ateliês Nacionais foi decretada no dia 27 de fevereiro de 1848 pelo governo provisório. Tratou-se de uma espécie de instituto público, organizado ao estilo militar, de apoio a trabalhadores desempregados em Paris e cidades vizinhas sem especificação de profissão. Como remuneração, os trabalhadores recebiam vale-pão e soldo. Depois da derrota da Insurreição de Junho, os Ateliês Nacionais foram desativados pelo governo de Cavaignac.

* *Commedia dei zanni*, de *zanni* (empregados, servos) é outra designação para a *commedia dell'arte*. (N. T.)

o profeta dos Ateliês Nacionais, ser membro do governo provisório. E nessa confusão meio ingênua, meio intencional da burguesia parisiense, na opinião artificialmente suprida da França e da Europa, essas *workhouses* constituíam a primeira concretização do socialismo, que com elas foi exposto à execração pública.

Não por seu conteúdo, mas por sua designação, esses *Ateliês Nacionais* constituíam o protesto corporificado do proletariado contra a indústria burguesa, o crédito burguês e a república burguesa. Sobre eles se avolumou, portanto, todo o ódio da burguesia. Ao mesmo tempo, ela identificou neles o ponto contra o qual poderia dirigir o seu ataque, assim que tivesse força suficiente para romper abertamente com a Revolução de Fevereiro. Todo o mal-estar, toda a má vontade dos *pequeno-burgueses* voltaram-se concomitantemente contra esses Ateliês Nacionais, que se tornaram o alvo comum. Furiosos, eles calculavam as somas engolidas por esses ladrões diurnos proletários, enquanto a sua própria situação ficava a cada dia mais intolerável. "Uma pensão pública por um trabalho de faz de conta! Isso é o socialismo!", resmungavam de si para si. Os Ateliês Nacionais, as declamações ostensivas do Luxemburgo, as marchas dos trabalhadores por Paris: nisso tudo eles identificavam a razão de sua miséria. E ninguém se fanatizava contra as supostas maquinações dos comunistas mais do que o pequeno-burguês que pairava irremediavelmente sobre o abismo da bancarrota.

Assim, na briga iminente entre a burguesia e o proletariado, todas as vantagens, todos os postos decisivos e os estratos médios da sociedade já se encontravam nas mãos da burguesia, ao mesmo tempo que as ondas da Revolução de Fevereiro arrebentavam fortemente sobre todo o continente e cada nova postagem trazia um novo boletim da revolução, ora da Itália, ora da Alemanha, ora das mais longínquas regiões do sudeste da Europa, mantendo em alta o frenesi geral da população, trazendo-lhe o atestado permanente de uma vitória que ela já tinha jogado fora.

Nos dias *17 de março* e *16 de abril*, ocorreram as primeiras escaramuças da grande luta de classes que a república burguesa abrigava sob suas asas.

Karl Marx

O dia *17 de março* revelou a situação ambígua do proletariado, que não lhe permitia partir para uma ação mais resoluta. Originalmente, a sua ação demonstrativa visou colocar o governo provisório de volta nos trilhos da revolução, conseguir, dependendo das circunstâncias, a exclusão de seus membros burgueses e forçar o adiamento das eleições para a Assembleia Nacional e a Guarda Nacional. Porém, no dia 16 de março, a burguesia, representada pela Guarda Nacional, fez uma demonstração hostil ao governo provisório. Aos gritos de "*À bas Ledru-Rollin!*" [Abaixo Ledru-Rollin!], ela convergiu para o *Hôtel de Ville*. Com isso, no dia 17 de março, o povo foi obrigado a bradar: "Viva Ledru-Rollin! Viva o governo provisório!". Ele foi obrigado a tomar partido *contra* a cidadania e a favor da república burguesa, que lhe parecia estar sendo questionada. O dia 17 de março se desmanchou em uma cena melodramática e, embora o proletariado parisiense uma vez mais tenha dado nesse dia uma mostra de sua tremenda força, a burguesia dentro e fora do governo provisório se mostrou tanto mais decidida a quebrá-la.

O dia *16 de abril* foi um *mal-entendido* armado pelo governo provisório em conluio com a burguesia. Os trabalhadores haviam se reunido em grande número no Campo de Marte e no Hipódromo para preparar as suas eleições para o estado-maior da Guarda Nacional. De repente se espalhou por toda a cidade de Paris, de uma extremidade à outra, com a rapidez de um raio, o boato de que os trabalhadores teriam se reunido em armas no Campo de Marte para, sob a liderança de Louis Blanc, Blanqui, Cabet e Raspail, marchar contra o *Hôtel de Ville*, derrubar o governo provisório e proclamar um governo comunista. Uma mobilização geral foi convocada – Ledru-Rollin, Marrast e Lamartine disputaram mais tarde a honra pela iniciativa – e em questão de uma hora 100 mil homens estavam em armas, todos os pontos do *Hôtel de Ville* haviam sido ocupados por integrantes da Guarda Nacional, o brado: "Abaixo os comunistas! Abaixo Louis Blanc, Blanqui, Raspail, Cabet!" retumbou por toda Paris e o governo provisório foi reverenciado por um sem-número de comitivas, todas dispostas a salvar a pátria e a sociedade. Quando os trabalhadores, por fim, apareceram diante do

Hôtel de Ville para entregar ao governo provisório uma coleta patriótica que haviam reunido no Campo de Marte, tomaram conhecimento, estupefatos, de que a Paris burguesa havia derrotado a sua sombra em um combate simulado e cuidadosamente arquitetado. O terrível atentado de 16 de abril forneceu o pretexto *para convocar o exército de volta a Paris* – o único propósito da comédia toscamente encenada – e para as demonstrações federalistas reacionárias das províncias.

No dia 4 de maio, reuniu-se a *Assembleia Nacional* resultante das *eleições gerais diretas*. O sufrágio universal não possuía o poder mágico que os republicanos da velha estirpe lhe haviam atribuído. Eles vislumbravam em toda a França, ao menos na maioria dos franceses, *citoyens* [cidadãos] com os mesmos interesses, com a mesma noção das coisas etc. Esse era o seu *culto ao povo*. Em lugar do seu povo *imaginário*, as eleições trouxeram à luz do dia o povo *real*, isto é, representantes das diversas classes em que ele se desmembra. Vimos por que os agricultores e pequeno-burgueses tiveram de votar sob a liderança da burguesia belicista e dos grandes latifundiários fanáticos pela restauração. Porém, mesmo que o sufrágio universal não fosse a varinha de condão milagrosa, como era tida pelos homens de bem republicanos, ele possuía o mérito incomparavelmente mais elevado de desencadear a luta de classes, de fazer com que os diversos estratos médios da sociedade burguesa vivenciassem rapidamente suas ilusões e frustrações, de arremessar todas as facções da classe exploradora de um só golpe no cenário público e de arrancar-lhes, assim, a máscara fraudulenta, ao passo que a monarquia, com o seu sistema censitário, fazia com que somente certas facções da burguesia se comprometessem, mantendo as demais escondidas nos bastidores e envolvendo-as com a aura de santidade de uma oposição comum.

Na Assembleia Nacional Constituinte que se reuniu no dia 4 de maio, os *republicanos burgueses*, os republicanos do *National*, eram maioria. Em um primeiro momento, os legitimistas e os orleanistas[12]

---

[12] Os orleanistas eram os partidários da dinastia de Orléans, que governou a França durante a Monarquia de Julho (1830-1848).

Karl Marx

só ousaram mostrar-se sob a máscara do republicanismo burguês. A luta contra o proletariado só poderia começar a ser travada em nome da república.

A *república*, isto é, a república reconhecida pelo povo francês, *data de 4 de maio e não de 25 de fevereiro*; não é a república que o proletariado parisiense impôs ao governo provisório, não é a república com instituições sociais, não é o ideal com que sonharam os que lutaram nas barricadas. A república proclamada pela Assembleia Nacional, a única república legítima, é a república que não consiste em uma arma revolucionária contra a ordem burguesa, antes representa a reconstituição política desta, a reconsolidação política da sociedade burguesa, em suma: é *a república burguesa*. Da tribuna da Assembleia Nacional retumbou essa afirmação, que repercutiu por toda a imprensa burguesa republicana e antirrepublicana.

E nós vimos por que a república de fevereiro realmente não era nem podia ser nada além de uma república *burguesa*, mas também vimos que o governo provisório fora obrigado, sob a pressão direta do proletariado, a proclamá-la como uma *república com instituições sociais*, vimos que o proletariado parisiense ainda não foi capaz de ir além da república burguesa, a não ser em sua *ideia*, em sua *imaginação*, vimos que ele, em toda parte, esteve a serviço dela quando se tratava de agir efetivamente, vimos que as promessas que lhe foram feitas se transformaram em perigo intolerável para a nova república, que todo o processo vital do governo provisório se resumiu em uma luta constante contra as reivindicações do proletariado.

Na Assembleia Nacional, toda a França se assentou para julgar o proletariado parisiense. A Assembleia Nacional rompeu imediatamente com as ilusões sociais da Revolução de Fevereiro, proclamando rotundamente a *república burguesa*, nada além da república burguesa. Ela excluiu imediatamente da Comissão Executiva por ela nomeada os representantes do proletariado: Louis Blanc e Albert rejeitaram a proposta de um ministério especial do trabalho, acolhendo com aplauso estrondoso a declaração do ministro Trélat, "Só o que falta fazer ainda é *reconduzir o trabalho às suas antigas condições*".

As lutas de classes na França de 1848 a 1850

Mas tudo isso ainda não foi suficiente. A Revolução de Fevereiro foi ganha pela luta dos trabalhadores com o apoio passivo da burguesia. Os proletários se consideraram com razão os vitoriosos do mês de fevereiro e fizeram as reivindicações altivas de quem obteve a vitória. Eles precisavam ser vencidos nas ruas; era preciso mostrar-lhes que seriam derrotados assim que deixassem de lutar *com* a burguesia e passassem a lutar *contra* a burguesia. Assim como a república de fevereiro com suas concessões socialistas exigira uma batalha do proletariado unido com a burguesia contra o reinado, uma segunda batalha se fazia necessária para divorciar a república das concessões socialistas, para talhar a *república burguesa* oficialmente como dominante. A burguesia foi obrigada a contestar as exigências do proletariado de armas nas mãos. E o verdadeiro local de nascimento da república burguesa não é a *vitória de fevereiro*, é a *derrota de junho*.

O proletariado acelerou a decisão quando, no dia 15 de maio, penetrou na Assembleia Nacional, procurando, sem êxito, reconquistar a sua influência revolucionária e conseguindo apenas entregar os seus enérgicos líderes aos carcereiros da burguesia[13]. *"Il faut en finir!"* [Essa situação tem de acabar!] Com esse grito a Assembleia Nacional deu a entender a sua resolução de forçar o proletariado para a luta decisiva. A Comissão Executiva editou uma série de decretos desafiadores, como a proibição de ajuntamentos populares etc. Da tribuna da Assembleia Nacional Constituinte os trabalhadores foram diretamente provocados, xingados e ridicularizados. Porém, o ponto de ataque propriamente dito estava dado, como vimos, nos *Ateliês Nacionais*. Foi a eles que a Assembleia Constituinte remeteu imperiosamente a Comissão Executiva, que só estava esperando seu próprio plano ser anunciado como ordem da Assembleia Nacional.

---

[13] No dia 15 de maio de 1848, os trabalhadores parisienses tentaram dispersar à força a Assembleia Nacional Constituinte e formar um novo governo provisório. Essa ação revolucionária foi derrotada, seus líderes Louis-Auguste Blanqui, Armand Barbès, Albert (Alexandre Martin) e François Raspail foram presos e leis que proibiram reuniões populares e determinaram o fechamento de clubes democratas foram promulgadas.

Karl Marx

A Comissão Executiva começou a agir dificultando o ingresso nos Ateliês Nacionais, transformando o salário diário em salário por unidade de serviço e banindo os trabalhadores que não haviam nascido em Paris para a Sologne, supostamente a fim de realizar trabalhos de remoção de terra. Esses trabalhos com terra eram apenas uma fórmula retórica para disfarçar o seu escorraçamento, como anunciavam aos colegas os trabalhadores que retornavam frustrados. Por fim, no dia 21 de junho foi publicado um decreto no *Moniteur* que ordenava a expulsão à força de todos os trabalhadores solteiros dos Ateliês Nacionais ou o seu alistamento no exército.

Não restou alternativa aos trabalhadores: ou morriam de fome ou partiam para a briga. Eles responderam no dia 22 de junho com a gigantesca insurreição em que foi travada a primeira grande batalha entre as duas classes que dividem a sociedade moderna. Travou-se a batalha pela preservação ou pela destruição da ordem *burguesa*. O véu que encobria a república foi rasgado.

Como se sabe, com valentia e genialidade sem par, sem chefes, sem plano comum, sem meios e em grande parte carecendo de armas, os trabalhadores mantiveram em xeque durante cinco dias o exército, a Guarda Móvel, a Guarda Nacional de Paris e a Guarda Nacional que afluiu da província. Como se sabe, a burguesia cobrou a conta do medo mortal que sofreu com brutalidade inaudita, massacrando mais de 3 mil prisioneiros.

Os representantes oficiais da democracia francesa estavam tão tomados pela ideologia republicana que começaram a intuir o significado da batalha de junho só algumas semanas mais tarde. Eles estavam como que entorpecidos pela fumaça da pólvora em que se desfazia a sua fantástica república.

Com a permissão do leitor, descreveremos a impressão imediata que a notícia da derrota de junho causou sobre nós com as palavras da *Neue Rheinische Zeitung* [Nova Gazeta Renana]:

> O derradeiro resto oficial da Revolução de Fevereiro, a Comissão Executiva, desfez-se como névoa diante da seriedade dos acontecimentos. Os fogos de artifício de Lamartine se transformaram nos foguetes incendiários de Cavaignac.

As lutas de classes na França de 1848 a 1850

A *fraternité*, a fraternidade das classes antagônicas, em que uma explora a outra, a *fraternité*, proclamada em fevereiro, inscrita com grandes letras nas fachadas de Paris, em cada prisão, em cada caserna, tem como expressão verdadeira, genuína e prosaica a *guerra civil*, a guerra civil na sua feição mais terrível, a guerra do trabalho contra o capital. Essa fraternidade flamejou de todas as janelas de Paris ao anoitecer do dia 25 de junho, quando a Paris da burguesia se iluminou enquanto a Paris do proletariado ardia em chamas, se esvaía em sangue e gemia de dor. A fraternidade durou exatamente o mesmo tempo que o interesse da burguesia esteve irmanado com o interesse do proletariado. Os adeptos pedantes da velha tradição revolucionária de 1793, os sistemáticos socialistas, que mendigavam junto à burguesia em favor do povo e que obtiveram a permissão para proferir longas prédicas e comprometer-se pelo tempo que fosse necessário embalar o leão proletário em seu sono, os republicanos, que exigiam a manutenção de toda a velha ordem burguesa, mas descontada a cabeça coroada, os oposicionistas dinásticos, que o acaso incumbiu da derrubada de uma dinastia em vez de uma troca de ministros, os legitimistas, que não queriam despir a *livrée* [farda], mas apenas modificar seu corte: esses foram os aliados com que o povo efetivou o seu fevereiro. [...] A Revolução de Fevereiro foi a revolução *bela*, a revolução da cordialidade geral, porque os antagonismos que nela explodiram contra o reinado dormitavam lado a lado em harmonia, *não desenvolvidos*, porque a luta social que formava o seu pano de fundo apenas ganhara uma existência fugaz, a existência da fraseologia, da palavra. A *Revolução de Junho* é a revolução *feia*, a revolução repugnante, porque o fato tomou o lugar da fraseologia, porque a república pôs à mostra a cabeça do próprio monstro, tirando-lhe a coroa protetora e dissimuladora. – Ordem! foi o grito de guerra de Guizot. *Ordem!* gritou Sébastiani, o guizotista, quando Varsóvia se tornou russa. *Ordem!* gritou Cavaignac, o eco brutal da Assembleia Nacional francesa e da burguesia republicana. *Ordem!* ribombavam suas metralhas ao rasgarem o corpo do proletariado. Nenhuma das numerosas revoluções da burguesia francesa desde 1789 representara um atentado contra a *ordem*, pois todas deixaram a ordem *burguesa* intacta, por mais que a forma política desse domínio e dessa escravidão tivesse mudado. O mês de junho tocou nessa ordem. Ai desse junho! (*Neue Rheinische Zeitung*, 29 de junho de 1848.)

"Ai desse junho!" responde o eco europeu.

O proletariado parisiense foi *forçado* à Insurreição de Junho pela burguesia. Já esse fato continha a sua condenação. Ele não foi impelido por sua necessidade imediata e manifesta a querer promover à força a derrubada da burguesia, nem estava em condições de consumar essa tarefa. O *Moniteur* teve de revelar-lhe oficialmente que já havia passado o tempo em que a república via alguma razão para fazer as honras às suas ilusões e só a derrota o convenceu da verdade de que uma melhoria de sua situação, por menor que fosse, permaneceria uma *utopia dentro* da república burguesa, uma utopia que se converteria em crime assim que fizesse menção de se tornar realidade. As exigências, exuberantes quanto à forma, mesquinhas e até ainda burguesas quanto ao conteúdo, que o proletariado parisiense quis espremer da república de fevereiro deram lugar à ousada palavra de ordem revolucionária: *Derrubar a burguesia! Ditadura da classe operária!*

Quando o proletariado fez do seu túmulo o berço da *república burguesa*, obrigou-a simultaneamente a vir à frente em sua forma pura, ou seja, como o Estado cujo propósito confesso é eternizar o domínio do capital, a escravidão do trabalho. Tendo constantemente diante dos olhos o inimigo coberto de cicatrizes, irreconciliável, invencível – invencível porque sua existência é a condição da sua própria vida –, o domínio burguês livre de todas as amarras teve de converter-se imediatamente em *terrorismo burguês*. Com o proletariado momentaneamente afastado do cenário e a ditadura burguesa oficialmente reconhecida, os estratos intermediários da sociedade burguesa, a pequena burguesia e a classe camponesa tiveram de aderir mais e mais ao proletariado, e isso na mesma proporção em que sua situação se tornava insuportável e seu antagonismo contra a burguesia se exacerbava. Assim como anteriormente haviam identificado a razão de sua miséria na ascensão do proletariado, agora tiveram de encontrá-la na derrota deste.

Dado que a Insurreição de Junho elevou a autoestima da burguesia em todo o continente e fez com que ela entrasse abertamente em uma aliança com o reinado feudal contra o povo, quem seria a primeira vítima dessa aliança? A própria burguesia continental. A derrota de junho a impediu de consolidar o seu domínio e fazer com que o povo ficasse parado, meio pacificado, meio amuado, no plano mais subalterno da revolução burguesa.

Por fim, a derrota de junho revelou às potências despóticas da Europa o seguinte segredo: a França precisava, sob todas as circunstâncias, preservar a paz no exterior para poder travar a guerra civil no seu interior. Assim, os povos que haviam iniciado sua luta pela independência nacional foram abandonados à supremacia da Rússia, da Áustria e da Prússia; ao mesmo tempo, porém, o destino dessas revoluções nacionais ficou subordinado ao destino da revolução proletária, foi privado de sua aparente autonomia, de sua independência da grande convulsão social. O húngaro não será livre, nem o polonês, nem o italiano enquanto os trabalhadores permanecerem escravos!

Por fim, em virtude da vitória da Santa Aliança, a Europa assumiu uma forma que fazia cada novo levante proletário na França coincidir diretamente com uma *guerra mundial*. A nova revolução francesa é obrigada a abandonar imediatamente o território nacional e a *conquistar o terreno europeu*, o único em será possível realizar a revolução social do século XIX.

Portanto, a derrota de junho foi imprescindível para que fossem criadas as condições nas quais a França pôde tomar a iniciativa da revolução europeia. Só depois de mergulhada no sangue dos *insurgentes de junho* a tricolor se transformou na bandeira da revolução europeia – na *bandeira vermelha!*

E nós bradamos: *A revolução está morta! – Viva a revolução!*

II
O DIA 13 DE JUNHO DE 1849
De junho de 1848 a 13 de junho de 1849

O dia 25 de fevereiro de 1848 havia outorgado a *república* à França, o dia 25 de junho lhe impôs a *revolução*. E, depois desse junho, revolução passou a significar *convulsão da sociedade burguesa*, ao passo que antes daquele fevereiro havia significado *convulsão da forma de Estado*.

A batalha de junho[14] foi liderada pela facção *republicana* da burguesia; com a vitória necessariamente lhe coube o poder estatal. O estado de sítio lhe jogou aos pés uma Paris amordaçada, incapaz de oferecer resistência, e, nas províncias, reinava um estado de sítio moral, a insolência vitoriosa ameaçadoramente brutal da burguesia e o fanatismo pela propriedade desencadeado nos agricultores. Portanto, nenhum perigo a temer de *baixo*!

Concomitantemente com o poder revolucionário dos trabalhadores esfacelou-se também a influência política dos *republicanos democráticos*, isto é, dos republicanos nos termos da *pequena burguesia*, representada na Comissão Executiva por Ledru-Rollin, na Assembleia Nacional Constituinte pelo Partido da Montanha[15], na imprensa pelo *Réforme*. Juntamente com os republicanos burgueses, eles [os republicanos democráticos] haviam conspirado, no dia 16 de abril, contra o proletariado e, nas jornadas de junho, aliaram-se a eles para combater o proletariado. Desse modo, eles próprios explodiram o pano de fundo, diante do qual seu partido se destacou como

---

[14] Cf. nota 7, p. 48.
[15] Em analogia aos *montagnards*, que formaram a ala esquerda (jacobinos) na Convenção Nacional da Revolução Francesa, foi denominada *Montagne* (Montanha) a fração dos pequeno-burgueses democratas presente na Assembleia Nacional de 1848.

poder, pois a pequena burguesia só é capaz de manter a sua postura revolucionária contra a burguesia enquanto o proletariado estiver por trás dela. Ela foi levada a abdicar. Os republicanos da burguesia romperam abertamente a pseudoaliança que haviam estabelecido relutante e insidiosamente com eles durante a época do governo provisório e da Comissão Executiva. Desprezados e rejeitados como aliados, decaíram à condição de satélites subordinados aos tricolores, dos quais não conseguiram arrancar nenhuma concessão, mas cujo domínio tiveram de apoiar toda vez que este, e com ele a república, parecia ser questionado pelas facções antirrepublicanas da burguesia. Por fim, essas facções, os orleanistas e os legitimistas, foram desde o início minoria na Assembleia Nacional Constituinte. Antes das jornadas de junho, eles só ousavam mostrar alguma reação sob a máscara do republicanismo burguês; a vitória de junho fez com que toda a França burguesa saudasse, por um momento, Cavaignac como seu salvador. Quando, pouco depois das jornadas de junho, o partido antirrepublicano se tornou novamente autônomo, a ditadura militar e o estado de sítio em Paris permitiram que estendessem tímida e cuidadosamente seus sensores para fora.

Desde 1830, a facção *republicano-burguesa* havia se agrupado, na forma de seus escritores, seus porta-vozes, suas capacidades, suas ambições, seus deputados, generais, banqueiros e advogados, em torno de um jornal parisiense, em torno do *National*. Este tinha seus jornais afiliados nas províncias. O círculo de pessoas em torno do *National* era a *dinastia da república tricolor*. Imediatamente elas se apoderaram de todas as prerrogativas do Estado, dos ministérios, do comando da polícia, da direção do correio, dos cargos de prefeito, das patentes mais elevadas de oficiais no exército. O comando do Poder Executivo foi ocupado por seu general, *Cavaignac*; seu redator-chefe, Marrast, tornou-se presidente permanente da Assembleia Nacional Constituinte. Como mestre de cerimônias dos *salons* que oferecia, ele, ao mesmo tempo, fazia as honras à honorável república.

Até mesmo autores franceses revolucionários conferiram solidez ao equívoco de que os monarquistas teriam dominado a Assembleia

Nacional Constituinte, e isso por uma espécie de temor reverente diante da tradição republicana. Ao contrário, a Assembleia Constituinte tornou-se, a partir das jornadas de junho, a *representante exclusiva do republicanismo burguês*, e esse seu aspecto foi se tornando tanto mais aparente quanto mais ruía a influência dos republicanos tricolores fora da Assembleia. Quando se tratou de sustentar a *forma* da república burguesa, eles puderam dispor dos votos dos republicanos democráticos, mas quando se tratou do seu *conteúdo*, nem mesmo o seu modo de falar os distinguiu das facções burguesas monarquistas, porque os interesses da burguesia, as condições materiais de seu domínio classista e de sua exploração classista perfazem o conteúdo da república burguesa.

Não foi, portanto, o monarquismo, mas o republicanismo burguês que se concretizou na vida e nos atos dessa Assembleia Constituinte, que acabou não morrendo nem sendo morta, mas apodrecendo.

Durante todo o tempo que durou o domínio do republicanismo burguês, enquanto ele desempenhava o papel principal de Estado no proscênio, era encenada no pano de fundo uma celebração sacrificial ininterrupta: a contínua condenação sumária dos insurgentes de junho feitos prisioneiros ou sua deportação sem sentença. A Assembleia Constituinte teve a fineza de admitir que, ao eliminar os insurgentes de junho, não estava condenando criminosos, mas destruindo inimigos.

O primeiro ato da Assembleia Nacional Constituinte foi a instalação de uma *Comissão de Inquérito* a respeito dos eventos do mês de junho e do dia 15 de maio[16] e a respeito da participação dos chefes de partido socialistas e democráticos nessas datas. O inquérito foi diretamente dirigido contra Louis Blanc, Ledru-Rollin e Caussidière.

---

[16] Baseada em resolução da Assembleia Nacional Constituinte, de 26 de junho de 1848, foi formada, sob a presidência de Odilon Barrot, uma Comissão de Inquérito sobre os acontecimentos do dia 15 de maio e dos dias 23 a 26 de junho de 1848, que apresentou seu relatório à Assembleia no dia 3 de agosto. O debate sobre o relatório aconteceu no dia 25 de agosto e resultou na autorização, dada pela Assembleia Nacional, do processo judicial contra os dois deputados Louis Blanc e Marc Caussidière. Ambos fugiram para Londres e foram condenados, *in absentiam*, à deportação.

Os republicanos da burguesia ardiam de impaciência para se livrar desses rivais. E não poderiam ter confiado a execução de seu rancor a ninguém mais apropriado do que ao sr. *Odilon Barrot*, o ex-chefe da oposição dinástica, o liberalismo corporificado, a *nullité grave* [a nulidade de peso], a superficialidade profunda, que não tinha só uma dinastia a vingar, mas também uma conta a cobrar dos revolucionários por uma gestão malograda como primeiro-ministro. Essa era a maior garantia de sua inexorabilidade. Esse Barrot foi, portanto, nomeado presidente da Comissão de Inquérito e construiu um processo completo contra a Revolução de Fevereiro[17], que se resume da seguinte maneira: 17 de março = *manifestação*; 16 de abril = *complô*; 15 de maio = *atentado*; 23 de junho = *guerra civil!* Por que ele não estendeu as suas investigações eruditas e criminalísticas até o 24 de fevereiro? O *Journal des Débats* respondeu: o 24 de fevereiro é a data da *fundação de Roma*. A origem dos Estados se dilui em um mito que deve ser crido e que não pode ser colocado em discussão. Louis Blanc e Caussidière foram entregues aos tribunais. A Assembleia Nacional terminou a sua própria limpeza, iniciada já no dia 15 de maio.

O plano ideado pelo governo provisório e retomado por Goudchaux de um imposto sobre o capital – na forma de um imposto hipotecário – foi rejeitado pela Assembleia Constituinte, a lei que limitava o tempo de trabalho diário em dez horas foi revogada, a prisão por dívida foi reintroduzida e a grande parcela da população francesa que não sabia ler nem escrever foi excluída da admissão ao júri. Por que não também do direito de votar? A caução foi reintroduzida para os jornais, o direito à associação foi restringido.

Mas na pressa que tiveram em devolver às velhas relações burguesas suas velhas garantias e em apagar todos os vestígios deixados pelas ondas revolucionárias, os republicanos burgueses depararam com uma resistência que representou um perigo inesperado.

Ninguém havia lutado mais fanaticamente nas jornadas de junho pela salvação da propriedade e pela restauração do crédito do que os

---

[17] Cf. nota 1, p. 35.

pequeno-burgueses parisienses – donos de cafeterias, restaurantes, *marchands de vins* [vendedores de bebidas], pequenos comerciantes, lojistas, profissionais especializados etc. A *boutique* [loja] havia se levantado e marchado contra a barricada para recompor a circulação que levava da rua para seu interior. Porém, atrás da barricada estavam os clientes e os devedores, diante dela os credores da *boutique*. Mas, depois que as barricadas foram derrubadas e os trabalhadores destruídos, os lojistas correram inebriados pela vitória às suas lojas e se depararam com a barricada posta na entrada destas por um redentor da propriedade, por um agente oficial do crédito, apresentando-lhes mensagens ameaçadoras: promissória vencida! Aluguel atrasado! Hipoteca vencida! *Boutique* falida! *Boutiquier* arruinado!

Salvem a propriedade! Porém, a casa em que moravam não era sua propriedade; a loja de que cuidavam não era sua propriedade; as mercadorias que comerciavam não eram sua propriedade. Nem o seu negócio, nem os pratos onde comiam, nem a cama em que dormiam lhes pertenciam mais. Era deles que *essas propriedades* deveriam ser *salvas*: em favor do proprietário da casa que a havia alugado, do banqueiro que havia descontado a promissória, do capitalista que havia adiantado o dinheiro, do fabricante que havia confiado as mercadorias a esses lojistas, do grande comerciante que havia fornecido as matérias-primas a crédito a esses profissionais. *Restaurem o crédito!* Porém, o crédito que havia recobrado forças provou ser um deus vivo e ávido ao expulsar o devedor inadimplente de suas quatro paredes junto com mulher e filhos, ao entregar seus aparentes pertences ao capital e ao jogar a ele próprio na torre dos devedores, que voltara a ser erigida ameaçadoramente em cima dos cadáveres dos insurgentes de junho.

Os pequeno-burgueses reconheceram assustados que, ao abaterem os trabalhadores, estavam se entregando sem resistência nas mãos dos seus credores. Sua bancarrota, que vinha se arrastando cronicamente desde fevereiro e que aparentemente havia sido ignorada, foi exposta publicamente após o mês de junho.

Sua *propriedade nominal* não foi contestada enquanto se pretendia levá-los ao campo de batalha em *nome da propriedade*. Agora, depois que a grande questão com o proletariado estava resolvida, a solução do pequeno negócio em aberto com o *épicier* [merceeiro] pôde ser retomada. Em Paris, a massa dos papéis vencidos somava mais de 21 milhões de francos, nas províncias mais de 11 milhões. Detentores de mais de 7 mil estabelecimentos comerciais não pagavam aluguel desde fevereiro.

A Assembleia Nacional havia promovido uma *enquête* [investigação] sobre a *dívida política* até o limite do mês de fevereiro; os pequeno-burgueses passaram a pedir, por sua vez, uma *enquête* sobre as *dívidas burguesas* até o dia 24 de fevereiro. Eles se reuniram em massa nos salões da bolsa de valores e exigiram ameaçadoramente que cada grande comerciante comprovasse que só entrou em falência devido à paralisação provocada pela revolução e que seu negócio estava bem no dia 24 de fevereiro; eles exigiram, ademais, que fosse prorrogado o prazo de pagamento mediante sentença do tribunal do comércio e que os credores fossem coagidos a liquidar suas cobranças por uma porcentagem moderada. Como projeto de lei, essa questão foi tratada na Assembleia Nacional na forma de *"concordats à l'amiable"* [acordos amigáveis]. A Assembleia vacilou; então de repente ela foi informada de que, naquele mesmo momento, milhares de mulheres e crianças de insurgentes preparavam, junto à *Porte Saint-Denis*, uma petição de anistia.

Na presença do fantasma reanimado do mês de junho, os pequeno-burgueses tremeram e a Assembleia recuperou a sua inexorabilidade. As *concordats à l'amiable*, os acordos amigáveis entre credores e devedores, foram rejeitadas em seus pontos fundamentais.

Portanto, na Assembleia Nacional, os representantes democráticos dos pequeno-burgueses há muito tempo já haviam sido repelidos pelos representantes republicanos da burguesia quando essa ruptura parlamentar chegou a ser traduzida em seu sentido econômico real e burguês, ou seja, quando os pequeno-burgueses na qualidade de devedores foram entregues nas mãos dos burgueses na qualidade de credores. Grande parte dos primeiros foi levada à ruína completa e o restante só pôde continuar tocando seu negócio sob condições que os transformavam em servos incondicionais do capital. No dia 22 de agosto de 1848, a Assembleia Nacional rejeitou as *concordats à l'amiable*, no dia 19 de setembro de 1848, em meio ao estado de sítio, o príncipe Luís Bonaparte e o prisioneiro de Vincennes, o comunista Raspail, foram eleitos representantes de Paris. A burguesia, em contrapartida, elegeu o cambista judeu e orleanista Fould. Portanto, de todos os lados simultaneamente foi declarada a guerra contra a Assembleia Nacional Constituinte, contra o republicanismo burguês, contra Cavaignac.

Não carece de explicação detalhada o fato de que a bancarrota maciça dos pequeno-burgueses parisienses necessariamente provocou efeitos colaterais muito além dos diretamente atingidos e uma vez mais abalou o comércio burguês; enquanto o déficit público voltava a inchar em função dos custos da Insurreição de Junho, as receitas do Estado diminuíam constantemente devido à parada na produção, à retração do consumo e à redução das importações. Cavaignac e a Assembleia Nacional não tiveram outra saída senão apelar para um novo empréstimo, que os submeteu ainda mais gravemente ao jugo da aristocracia financeira.

Enquanto os pequeno-burgueses colhiam como fruto da vitória de junho a bancarrota e a liquidação judicial, os janízaros de Cavaignac, as *Guardas Móveis*[18], recebiam, em contrapartida, sua recompensa nos braços macios das *lorettes* [cortesãs], e eles, "os jovens salvadores da sociedade", eram reverenciados de todas as maneiras nas recepções oferecidas por Marrast, o *gentilhomme* [cavalheiro] dos tricolores, que reunia em si as qualidades de anfitrião e de trovador da *honnête* [respeitável] república. Entrementes, essa predileção social pelas Guardas Móveis e o soldo bem mais elevado que recebiam incomodaram o *exército*, ao passo que concomitantemente perdiam-se todas as ilusões nacionais com que o republicanismo burguês soubera prender a si, por meio do seu jornal, o *National*, uma parcela do exército e da classe camponesa sob Luís Filipe. O papel de mediadores que Cavaignac

---

[18] Cf. nota 10, p. 55.

e a Assembleia Nacional desempenharam na *Itália do Norte*, para então, juntamente com a Inglaterra, entregá-la traiçoeiramente à Áustria – esse único dia de domínio destruiu dezoito anos de oposição do *National*. Nenhum governo foi menos nacionalista do que o do *National*, nenhum foi mais dependente da Inglaterra e, sob Luís Filipe, ele vivia da reformulação diária do dito catônico: *Carthaginem esse delendam* [Cartago deve ser destruída]; nenhum governo foi mais servil à Santa Aliança, e de Guizot ele havia exigido que rasgasse os Tratados de Viena[19]. A ironia da história levou Bastide, o ex-redator para assuntos internacionais do *National*, ao posto de ministro de Assuntos Exteriores da França, para que ele pudesse refutar cada um de seus artigos com cada um de seus despachos.

Por um momento, o exército e a classe camponesa haviam acreditado que, concomitantemente à ditadura militar, a guerra contra o inimigo externo e a respectiva *"gloire"* [glória] ocupariam a ordem do dia na França. Cavaignac, entretanto, não representava a ditadura da espada sobre a sociedade burguesa, mas a ditadura da burguesia por meio da espada. Então, no que diz respeito ao soldado, eles puderam aproveitar só mais o gendarme. Sob os severos traços da resignação antirrepublicana, Cavaignac ocultava a tênue subserviência às condições humilhantes do seu posto burguês. *L'argent n'a pas de maître!* O dinheiro não tem senhor! Esse antigo mote do *tiers-état* [terceiro Estado] foi idealizado por ele, assim como por toda a Assembleia Constituinte, quando o traduziram para a linguagem política: a burguesia não tem rei; a verdadeira forma de seu domínio é a república.

Elaborar essa *forma*, confeccionar uma *Constituição* republicana: nisso consistiu a "grande obra orgânica" da Assembleia Nacional Constituinte. O rebatismo do calendário cristão para calendário republicano, de São Bartolomeu para São Robespierre, mudou tanto

---

[19] Os Tratados de Viena estabeleceram as condições de paz negociadas no Congresso de Viena (18 de setembro de 1814 a 9 de junho de 1815), do qual participaram todos os países que haviam lutado contra Napoleão I. O objetivo principal do Congresso foi o restabelecimento do sistema reacionário feudal anterior à Revolução Francesa e das fronteiras da França de 1792.

nos ventos e no clima quanto essa Constituição mudou ou deveria mudar na sociedade burguesa. Onde ela foi além da mera *troca de figurino*, apenas protocolou fatos *consumados*. Assim, ela registrou solenemente o fato da república, o fato do sufrágio universal, o fato de uma única Assembleia Nacional soberana no lugar das duas Câmaras constitucionais limitadas. Assim, ela registrou e regulamentou o fato da ditadura de Cavaignac, substituindo a realeza hereditária sedentária e irresponsável por uma realeza eletiva ambulante e responsável, por uma presidência quadrienal. Assim, ela não deixou de elevar à condição de lei constitucional o poder extraordinário com que a Assembleia Nacional investira preventivamente o seu presidente, no interesse da sua própria segurança, após os sustos do 15 de maio e do 25 de junho. O restante da Constituição foi trabalho terminológico. Da engrenagem da velha monarquia foram arrancados os rótulos monarquistas e colados os republicanos. Marrast, ex-redator-chefe do *National*, agora redator-chefe da Constituição, não deixou de mostrar talento na execução dessa tarefa acadêmica.

A Assembleia Constituinte agiu como aquele funcionário público chileno que queria regulamentar mais estritamente a relações de propriedade fundiária por meio de uma medição cadastral no mesmo momento em que o ribombar subterrâneo já anunciava a erupção vulcânica que faria desaparecer o próprio solo debaixo dos seus pés. Enquanto delimitava na teoria as formas dentro das quais o domínio da burguesia se expressaria de modo republicano, ela conseguia se manter na realidade apenas mediante a invalidação de todas as fórmulas, mediante a violência *sans phrase* [sem retoques], mediante o *estado de sítio*. Dois dias depois de ter dado início à sua obra constitucional, ela proclamou a sua própria continuidade. As constituições anteriores haviam sido elaboradas e aprovadas assim que o processo de convulsão social chegou a um ponto de repouso, as recém-constituídas relações de classe se consolidaram e as facções litigantes da classe dominante se refugiaram em um compromisso que lhes permitiu prosseguir na luta entre si e, ao mesmo tempo, excluir dela a massa popular exaurida. Essa nova Constituição, em contraposição, não sancionou uma revolução social; o que ela sancionou foi a vitória momentânea da velha sociedade sobre a revolução.

Na primeira versão da Constituição, formulada pelas jornadas de junho, ainda constava o *"droit au travail"*, o direito ao trabalho, a primeira fórmula desajeitada, que sintetizava as reivindicações revolucionárias do proletariado[20]. Ela foi transformada no *droit à l'assistance*, no direito à assistência social, e qual é o Estado moderno que não alimenta de uma ou de outra forma os seus *paupers* [pobres]? Para o senso burguês, o direito ao trabalho é um contrassenso, um miserável desejo piedoso, mas por trás do direito ao trabalho está o poder sobre o capital, por trás do poder sobre o capital, a apropriação dos meios de produção, seu submetimento à classe operária associada, portanto, a supressão do trabalho assalariado, do capital e de sua relação de troca. Por trás do *"direito ao trabalho"* estava a Insurreição de Junho. A Assembleia Constituinte, que declarou o proletariado revolucionário como de fato *hors la loi*, fora da lei, obrigou-se, com isso, por princípio, a expurgar da Constituição, da lei das leis, a fórmula *por ele cunhada*, ou seja, a anatematizar o "direito ao trabalho". Ela, porém, não se limitou a isso. Assim como Platão baniu de sua República os poetas[21], ela baniu da sua, por toda eternidade, *o imposto progressivo*. E o imposto progressivo não era só uma medida burguesa, aplicável dentro das relações de produção existentes a escalas maiores ou menores; ele também era o único meio de amarrar os estratos médios da sociedade burguesa à *"honnête"* república, reduzir a dívida pública, pôr em xeque a maioria antirrepublicana da burguesia.

Por ocasião das *concordats à l'amiable*, os republicanos tricolores haviam de fato sacrificado a pequena burguesia em favor da grande. Esse fato isolado foi por eles elevado à condição de princípio, mediante a interdição legal do imposto progressivo. Eles colocaram a reforma burguesa no mesmo plano da revolução proletária. Mas que

---

[20] O anteprojeto da Constituição foi apresentado à Assembleia Nacional por Armand Marrast no dia 19 de junho de 1848 e publicado por *Le Moniteur universel* de 20 de junho de 1848.

[21] Platão, *A República*, cap. X, 8.

classe permaneceu então como o esteio de sua república? A grande burguesia. E esta era maciçamente antirrepublicana. Ao explorar os republicanos do *National* para reconsolidar as velhas relações vitais da economia, sua intenção era explorar essas mesmas relações sociais reconsolidadas para restabelecer as formas políticas correspondentes a elas. Já no início de outubro, Cavaignac se viu obrigado a nomear Dufaure e Vivien, ex-ministros de Luís Filipe, como ministros da república, por mais que os puritanos desmiolados de seu próprio partido tivessem vociferado e batido o pé.

A Constituição tricolor rejeitou qualquer compromisso com a pequena burguesia e não foi capaz de amarrar nenhum elemento novo da sociedade à nova forma estatal. No entanto, ela se apressou em devolver a tradicional imunidade a uma corporação na qual o velho Estado tinha os seus defensores mais obstinados e fanáticos. Ele alçou à condição de lei constituinte a *indemissibilidade dos juízes*, que havia sido contestada pelo governo provisório. Aquele rei *único*, que eles haviam deposto, ressurgiu às pencas nesses inquisidores indemissíveis da legalidade.

A imprensa francesa detalhou de múltiplas maneiras as contradições da Constituição do sr. Marrast, por exemplo o lado a lado de dois soberanos, da Assembleia Nacional e do presidente etc. etc.

Porém, a contradição abrangente dessa Constituição é a seguinte: mediante o sufrágio universal, ela dotou de poder político as classes cuja escravidão social visa eternizar, ou seja, o proletariado, os agricultores e os pequeno-burgueses. E a classe cujo antigo poder social foi por ela sancionado, ou seja, a burguesia, ela privou das garantias políticas desse poder. Ela comprime seu domínio político dentro de condições democráticas que, de um momento para o outro, podem propiciar a vitória às classes inimigas e colocar em xeque até mesmo os fundamentos da sociedade burguesa. Daquelas, ela pede que não avancem da emancipação política para a social, desta, que não retroceda da restauração social para a política.

Os republicanos burgueses pouco se importaram com essas contradições. Na mesma medida em que deixaram de ser *indispensáveis*

– e indispensáveis só foram como ponta de lança da velha sociedade contra o proletariado revolucionário –, ou seja, poucas semanas após a sua vitória, já foram rebaixados da condição de *partido* para a de *camarilha*. E a Constituição era tratada por eles como uma grande *intriga*. O que nela deveria ser constituído era sobretudo o domínio da *camarilha*. O presidente deveria ser um Cavaignac prolongado, a Assembleia Legislativa, uma constituinte prolongada. Eles esperavam degradar o poder político das massas populares a um poder aparente e jogar com esse poder aparente o suficiente para suspender permanentemente sobre a cabeça da maioria da burguesia o dilema das jornadas de junho: *reino do National* ou *reino da anarquia*.

A obra constitucional iniciada no dia 4 de setembro foi concluída em 23 de outubro. No dia 2 de setembro, a Constituinte decidiu que não se dissolveria até que fossem aprovadas as leis orgânicas, complementares à Constituição. Não obstante, ela resolveu dar vida à sua criatura mais própria, o presidente, já no dia 10 de dezembro, bem antes que o ciclo de sua própria atuação se fechasse, tamanha era sua certeza de saudar o homúnculo constitucional como o filho de sua mãe. Por precaução fora provisionado que, caso nenhum dos candidatos conseguisse reunir 2 milhões de votos, a eleição passaria da nação para a Constituinte.

Vãs provisões! O primeiro dia da realização da Constituição foi o último do domínio da Constituinte. No abismo profundo das urnas eleitorais, fora depositada a sua sentença de morte. Ela procurava o "filho da sua mãe" e acabou encontrando o "sobrinho do seu tio". Saul Cavaignac obteve 1 milhão de votos, mas Davi Napoleão chegou aos 6 milhões*. Saul Cavaignac foi derrotado seis vezes.

O dia 10 de dezembro de 1848 foi o dia da *insurreição dos agricultores*. Foi só a partir dessa data que o mês de fevereiro começou a contar para os agricultores franceses. O símbolo que expressou seu ingresso no movimento revolucionário, canhestramente sagaz, ordinariamente ingênuo, grosseiramente sublime, uma superstição

---

* Cf. Antigo Testamento, Primeiro livro de Samuel, cap. 18, 7-8; 21, 11; 29, 5. (N. T.)

As lutas de classes na França de 1848 a 1850

calculada, uma burlescaria patética, um anacronismo simploriamente genial, uma travessura da história mundial, hieróglifo indecifrável ao entendimento dos civilizados – esse símbolo portava inconfundivelmente a fisionomia da classe que, no âmbito da civilização, representa a barbárie. A república havia se anunciado à classe camponesa na figura do *agente do fisco*; esta se anunciou à república na figura do *imperador*. Napoleão foi o único homem que representou exaustivamente os interesses e a fantasia da classe camponesa que teve sua existência renovada em 1789. Ao inscrever o seu nome no frontispício da república, ela declarou guerra externamente e validação dos seus interesses de classe internamente. Para os agricultores, Napoleão não era uma pessoa, mas um programa. Eles marcharam para os locais de votação com bandeiras, com fanfarras, bradando: *plus d'impôts, à bas les riches, à bas le République, vive l'Empereur!* Chega de impostos, abaixo os ricos, abaixo a república, viva o imperador! Por trás do imperador se ocultava a guerra dos camponeses. A república que eles puseram abaixo com seus votos foi a *república dos ricos*.

O dia 10 de dezembro foi o *coup d'état* [golpe de Estado] dos agricultores, o qual derrubou o governo existente. E, a partir desse dia em que haviam tirado um governo da França e posto outro em seu lugar, a sua atenção se voltou resolutamente para Paris. Por um instante protagonistas ativos do drama revolucionário, eles não podiam mais ser relegados ao papel passivo e impassível de coro.

As demais classes contribuíram para completar a vitória eleitoral dos agricultores. Para o *proletariado*, a eleição de Napoleão representou a deposição de Cavaignac, a derrubada da Constituinte, a renúncia do republicanismo burguês, a cassação da vitória de junho. Para a *pequena burguesia*, Napoleão significou o domínio do devedor sobre o credor. Para a maioria da *grande burguesia*, a eleição de Napoleão foi uma ruptura franca com a facção da qual ela teve de valer-se por um momento contra a revolução, mas que se tornara insuportável para ela assim que procurou consolidar uma postura momentânea como postura constitucional. Napoleão no lugar de Cavaignac representou, para eles, a monarquia no lugar da república, o início da restauração monarquista, o Orléans timidamente sugerido, o lírio escondido entre violetas[22]. O *exército*, por fim, votou em Napoleão contra a Guarda Móvel, contra o idílio da paz, a favor da guerra.

Ocorreu, assim, como disse a *Neue Rheinische Zeitung*, que o homem mais simplório da França se revestiu do significado mais multifacetado[23]. Justamente por nada ser, ele pôde significar tudo, exceto a si mesmo. Por mais diverso que possa ter sido o sentido do nome "Napoleão" na boca das diferentes classes, cada uma escreveu com esse nome o seguinte na sua cédula: abaixo o partido do *National*, abaixo Cavaignac, abaixo a Constituinte, abaixo a república dos burgueses. O ministro Dufaure declarou isto com todas as letras na Assembleia Constituinte: o dia 10 de dezembro foi um segundo dia 24 de fevereiro.

Pequena burguesia e proletariado haviam votado *en bloc* [em bloco] *a favor de* Napoleão para votar *contra* Cavaignac e para, por meio da conjugação dos votos, subtrair da Constituinte a decisão final. Entretanto, a parcela mais avançada das duas classes apresentou seus próprios candidatos. Napoleão foi o *nome coletivo* de todos os partidos coligados contra a república burguesa, *Ledru-Rollin* e *Raspail* foram os *nomes próprios*, aquele o da pequena burguesia democrática, estes o do proletariado revolucionário. Os votos para Raspail – os proletários e seus porta-vozes socialistas declararam isto em alto e bom som – seriam uma mera demonstração, protestos em igual número contra todo e qualquer mandato presidencial, isto é, contra a própria Constituição, votos em igual número contra Ledru-Rollin, o primeiro ato pelo qual o proletariado, como partido político autônomo, desvinculou-se do partido democrático. Esse partido – a pequena burguesia democrática e sua representação parlamentar, a Montanha –, em contrapartida, tratou a candidatura de Ledru-Rollin com toda a seriedade com que solenemente costuma iludir a

---

[22] O lírio era o emblema da dinastia de Bourbon; e a violeta, o dos bonapartistas.

[23] Ferdinand Wolff, relato do correspondente de Paris, do dia 18 de dezembro de 1848, na *Neue Rheinische Zeitung* de 21 de dezembro de 1848.

si mesmo. Aliás, essa foi a sua última tentativa de alçar-se diante do proletariado como partido autônomo. Não só o partido republicano dos burgueses, mas também a pequena burguesia democrática e sua Montanha foram derrotados no dia 10 de dezembro.

A França passou a ter, ao lado de uma *Montanha*, um *Napoleão*, prova maior de que ambos eram apenas as caricaturas sem vida das grandes realidades cujos nomes portavam. A paródia que Luís Napoleão, com o seu chapéu de imperador e a águia, representava do velho Napoleão não era menos miserável do que aquela que a Montanha, com sua fraseologia emprestada de 1793 e suas poses demagógicas, representava da velha Montanha. A superstição tradicional ligada ao ano de 1793 foi, assim, descartada junto com a superstição tradicional ligada a Napoleão. A revolução só chegaria a ser propriamente ela mesma depois de obter o *seu nome próprio e original*, e isto ela só lograria no momento em que a moderna classe revolucionária, o proletariado industrial, conseguisse ocupar o primeiro plano. Pode-se dizer que o dia 10 de dezembro deixou a Montanha estupefata e incerta do seu próprio entendimento pelo simples fato de ele ter interrompido a analogia clássica com a antiga revolução mediante as gargalhadas provocadas por uma piada descarada de camponês.

No dia 20 de dezembro, Cavaignac depôs o seu cargo e a Assembleia Constituinte proclamou Luís Napoleão como presidente da república. No dia 19 de dezembro, no último dia de sua tirania, ela rejeitou a petição por anistia dos insurgentes de junho. Revogar o decreto de 27 de junho, que havia condenado 15 mil insurgentes à deportação sumária à revelia da sentença judicial, não teria significado revogar a própria batalha de junho?

Odilon Barrot, o último ministro de Luís Filipe, tornou-se o primeiro ministro de Luís Napoleão. Assim como não datou o período do seu domínio a partir do dia 10 de dezembro, mas a partir de um senatus-consulto de 1804, Luís Napoleão também encontrou um primeiro-ministro que não datou o seu ministério a partir de 20 de dezembro, mas a partir de um decreto imperial de 24 de fevereiro. Como herdeiro legítimo de Luís Filipe, Luís Napoleão amenizou o impacto da troca de governo mantendo o antigo ministério, que ademais não havia tido tempo de desgastar-se, até porque não havia encontrado tempo para nascer.

Os chefes das facções monarquistas da burguesia recomendaram que ele fizesse essa escolha. O líder da velha oposição dinástica, que inconscientemente havia construído a transição para os republicanos do *National*, era ainda mais indicado para construir, em plena consciência, a transição da república dos burgueses para a monarquia.

Odilon Barrot foi o chefe do único partido antigo de oposição que, por sempre ter brigado em vão pelo porta-fólio de ministro, ainda não havia sofrido nenhum desgaste. Em rápida sequência, a revolução catapultou todos os antigos partidos de oposição às alturas do Estado para que tivessem de negar, desmentir, não só na prática, mas também com suas próprias palavras, as antigas fraseologias, e, por fim, unidos em uma repulsiva corporação mista, fossem jogados todos juntos pelo povo na esterqueira da história. E nenhuma apostasia foi poupada a esse Barrot, essa corporificação do liberalismo burguês, que durante longos dezoito anos havia escondido a vacuidade infame do seu espírito sob a postura de aparente seriedade do seu corpo. Quando, em momentos isolados, o contraste demasiado gritante entre os cardos do presente e os louros do passado lhe causava susto, um simples olhar no espelho lhe devolvia a compostura ministerial e a autoadmiração humana. A imagem resplandecente que o espelho lhe devolvia era a de Guizot, a quem sempre invejara, que sempre o havia suplantado, o próprio Guizot, ainda que fosse o Guizot com o diadema olímpico de Odilon. O que lhe passou despercebido foram as orelhas de Midas.

O Barrot de 24 de fevereiro só se tornou manifesto no Barrot de 20 de dezembro. A ele, que era orleanista e voltairiano, associou-se no cargo de ministro da cultura o legitimista e jesuíta Falloux.

Poucos dias depois, o ministério do Interior foi posto ao encargo do malthusiano Léon Faucher. O direito, a religião, a economia política! O ministério Barrot continha tudo isso e mais uma coligação de legitimistas com orleanistas. Só faltou o bonapartista. Bonaparte ainda

As lutas de classes na França de 1848 a 1850

dissimulava a ânsia de bancar o Napoleão, porque *Soulouque* ainda não havia assumido o papel de um Toussaint-Louverture[24].

Imediatamente o partido do *National* foi desalojado de todos os postos mais elevados em que se havia aninhado. O comando da polícia, a direção dos correios, a procuradoria geral, a *mairie* [prefeitura] de Paris, tudo foi ocupado pelas velhas criaturas da monarquia. O legitimista Changarnier recebeu o comando supremo da Guarda Nacional do Departamento do Seine, da Guarda Móvel e das tropas de linha da primeira divisão militar; o orleanista Bugeaud foi nomeado comandante supremo do exército dos Alpes. Essa troca de funcionários prosseguiu ininterruptamente durante o governo de Barrot. O primeiro ato do seu ministério foi a restauração da antiga administração monarquista. Em um piscar de olhos, transformou-se todo o cenário oficial – bastidores, figurino, linguagem, atores, figurantes, extras, *souffleurs* [pontos], posição dos partidos, motivos do drama, conteúdo do conflito, toda a situação. Somente a Assembleia Constituinte anterior à fundação do mundo ainda ocupava o seu próprio lugar. Porém, a partir do momento em que a Assembleia Nacional instalou Bonaparte no cargo, em que Bonaparte instalou Barrot, em que Barrot instalou Changarnier, a França passou do período da Constituição republicana para o período da república constituída. E, em uma república constituída, qual a razão de ser de uma Assembleia Constituinte? Depois de criada a Terra, nada mais restava ao seu Criador do que refugiar-se no céu. A Assembleia Constituinte estava decidida a não seguir seu exemplo; a Assembleia Nacional era o último refúgio do partido dos republicanos burgueses. Mesmo que lhe tenham sido arrebatadas todas as gestões próprias do poder executivo, não lhe restava a onipotência constituinte? Sua primeira ideia foi defender sob todas as circunstâncias o posto soberano que

---

[24] A imprensa antibonapartista também chamava Luís Bonaparte de Soulouque, referindo-se ao presidente da República do Haiti, Faustin Soulouque, que proclamou a si próprio imperador e era famoso por sua ignorância, vaidade e crueldade. Toussaint-Louverture era o líder do movimento negro revolucionário no Haiti, que lutou contra o domínio espanhol e inglês à época da Revolução Francesa.

detinha e, a partir dele, reconquistar o terreno perdido. Uma vez que o ministério de Barrot fosse removido por um ministério do *National*, os monarquistas teriam de deixar imediatamente os palácios da administração e os tricolores retornariam em triunfo. A Assembleia Nacional decidiu derrubar o ministério, e o próprio ministério ofereceu uma oportunidade tão propícia para o ataque que nem mesmo a Constituinte teria conseguido inventar outra mais apropriada.

Recordamos o que Luís Bonaparte significou para os agricultores: não mais impostos! Seis dias ele ocupou a cadeira presidencial e, no sétimo dia, 27 de dezembro, o seu ministério propôs a *manutenção do imposto do sal*, cuja extinção fora decretada pelo governo provisório. O imposto do sal compartilha com o imposto do vinho o privilégio de ser o bode expiatório do antigo sistema financeiro francês, especialmente aos olhos da população do campo. O ministério de Barrot não poderia ter colocado na boca do eleito dos agricultores um epigrama mais sarcástico com relação aos seus eleitores do que estas palavras: *restauração do imposto do sal!* Com a reintrodução do imposto do sal, Bonaparte perdeu o seu sal revolucionário – o Napoleão da insurreição dos agricultores se desfez como névoa e nada restou dele além do grande desconhecido da intriga monarquista dos burgueses. E não foi sem propósito que o ministério de Barrot fez desse ato tosco de desapontamento grosseiro o primeiro ato governamental do presidente.

A Constituinte, por seu turno, agarrou ávida a oportunidade dupla que se apresentava para derrubar o ministério e alçar-se à condição de representante dos interesses dos agricultores contra o eleito dos agricultores. Ela rejeitou a proposta do ministro das finanças, reduziu o imposto do sal para um terço do seu valor anterior, aumentando em 60 milhões um déficit público de 560 milhões e, depois desse *voto de desconfiança*, ficou sossegadamente aguardando a renúncia do ministério. Sinal claro de que não havia compreendido muita coisa do novo mundo de que estava cercada nem da alteração em sua própria posição. Por trás do ministério estava o presidente e por trás do presidente estavam 6 milhões que haviam depositado nas urnas eleitorais essa mesma quantidade de votos de desconfiança contra a Constituinte. A Constituinte devolveu à nação o seu voto de desconfiança. Troca risível! Ela esqueceu que seus votos já não eram mais moeda corrente. A rejeição do imposto do sal apenas amadureceu a resolução de Bonaparte e do seu ministério de *"pôr fim"* à Assembleia Constituinte. Teve início o longo duelo que preencheu toda a última metade da vida da Constituinte. O dia *29 de janeiro*, o dia 21 de março e o dia 8 de maio são as *journées*, os grandes dias dessa crise, precursores em igual número do dia *13 de junho*.

Os franceses, como Louis Blanc, captaram o dia 29 de janeiro como a manifestação de uma contradição constitucional, da contradição entre uma Assembleia Nacional soberana, indissolúvel, resultante do sufrágio universal, e um presidente, de acordo com o teor textual, responsável perante aquela, mas, de acordo com a realidade, não só igualmente sancionado pelo sufrágio universal e, ademais, unificando em sua pessoa todos os votos distribuídos entre os membros individuais da Assembleia e assim cem vezes fragmentados, mas também em plena posse de todo o poder executivo, acima do qual a Assembleia Nacional paira apenas como poder moral. A explicação do 29 de janeiro confunde a linguagem da luta na tribuna, na imprensa, nos clubes, com o seu teor real. Em confronto com a Assembleia Nacional Constituinte, Luís Bonaparte não era o poder executivo em confronto com o legislativo; era a república constituída pelos próprios burgueses em confronto com os instrumentos de sua Constituição, em confronto com as intrigas movidas pela ambição e as exigências ideológicas da facção revolucionária da burguesia, que a havia fundado. Essa facção acabara de descobrir admirada que sua república constituída mais parecia uma monarquia restaurada e quis preservar à força o período constituinte com suas condições, suas ilusões, sua linguagem e suas pessoas e impedir que a república madura dos burgueses emergisse em sua forma plena e peculiar. Assim como a Assembleia Nacional Constituinte representou o Cavaignac que foi puxado de volta para dentro dela, Bonaparte representou a Assembleia Nacional Constituinte que ainda não havia se soltado dele, isto é, a Assembleia Nacional da república constituída dos burgueses.

A eleição de Bonaparte só conseguiu interpretar a si mesma ao substituir aquele nome *único* pelos seus múltiplos significados, ao repetir-se na eleição da nova Assembleia Nacional. O mandato da anterior havia sido cassado pelos eventos do dia 10 de dezembro. Portanto, o confronto do 29 de janeiro não foi entre o presidente e a Assembleia Nacional *da mesma* república, mas entre a Assembleia Nacional da república em formação e o presidente da república já formada, dois poderes que corporificavam períodos totalmente diferentes do processo vital da república; de um lado, estava a pequena facção republicana da burguesia, a única capaz de proclamar a república, arrancá-la à força do proletariado revolucionário mediante a luta nas ruas e o domínio do terror e desenhar na Constituição os seus traços básicos ideais, e, do outro lado, encontrava-se toda a massa monarquista da burguesia, a única capaz de exercer o domínio nessa república constituída dos burgueses, de despir a Constituição de seus ingredientes ideológicos e de concretizar as condições inevitáveis da subjugação do proletariado mediante sua legislação e sua administração.

A tempestade que desabou no dia 29 de janeiro foi compondo os seus elementos durante todo o mês de janeiro. Mediante o seu voto de desconfiança, a Constituinte quis forçar a renúncia do ministério de Barrot. O ministério de Barrot propôs, em contrapartida, que a Constituinte desse a si própria um voto de desconfiança definitivo, que decidisse o seu suicídio, que decretasse a sua *própria dissolução*. Rateau, um dos seus deputados mais obscuros, apresentou à Constituinte, por ordem do ministério, no dia 6 de janeiro, essa moção, à mesma Constituinte que já em agosto havia decidido não se dissolver até que toda uma série de leis orgânicas, complementares à Constituição, tivessem sido aprovadas. O ministro Fould declarou-lhe francamente que sua dissolução seria necessária *"para restabelecer o crédito transtornado"*. E acaso ela não estaria transtornando o crédito ao prolongar a fase provisória, ao colocar em xeque Bonaparte junto com Barrot e a república constituída junto com Bonaparte? Barrot, o olímpico, transformou-se em um Orlando furioso ante a perspectiva de que voltassem a lhe arrebatar, após menos de duas semanas de

As lutas de classes na França de 1848 a 1850

exercício, o cargo de primeiro-ministro, no qual finalmente havia posto as mãos, anelo cuja realização os republicanos uma vez já lhe haviam postergado por um período de dez meses. Em vista disso, Barrot foi mais tirano que o próprio tirano, ao partir para o confronto com essa deplorável Assembleia. A mais indulgente de suas palavras foi: "nenhum futuro é possível com ela". E era isto mesmo: só o que ela representava era o passado. E emendou ironicamente: "Ela é incapaz de cercar a república das instituições necessárias à sua consolidação"[25]. E de fato! Junto com o antagonismo exclusivo ao proletariado, foi-lhe cortada a fonte da sua energia burguesa e, junto com o antagonismo aos monarquistas, reanimou-se a sua efervescência republicana. Em consequência, ela estava duplamente incapacitada de consolidar com as instituições correspondentes a república dos burgueses, que ela já não compreendia.

Concomitantemente à proposição de Rateau, o ministério suscitou uma *tempestade de petições* em todo o país; diariamente eram jogados de todos os cantos da França maços de *billets-doux* [cartas de amor] na cara da Constituinte, instando mais ou menos categoricamente que esta *se dissolvesse* e que se redigisse o seu testamento. A Constituinte, por sua vez, ocasionou contrapetições, solicitando-lhe que permanecesse viva. O pleito eleitoral entre Bonaparte e Cavaignac foi reeditado na forma de pleito peticional a favor e contra a dissolução da Assembleia Nacional. As petições seriam os comentários suplementares ao 10 de dezembro. Essa agitação se manteve durante todo o mês de janeiro.

No conflito entre a Constituinte e o presidente, aquela não pôde remontar à eleição geral como sua origem, pois a partir desta se podia apelar para o sufrágio universal. Ela não pôde se apoiar em nenhum poder regular, pois se tratava da luta contra o poder legal. Ela não pôde derrubar o ministério por meio de votos de desconfiança, como voltou a tentar nos dias 6 e 26 de janeiro, porque o ministério

---

[25] Marx cita aqui trechos do discurso de Odilon Barrot na sessão da Assembleia Nacional de 12 de janeiro de 1849. O discurso foi publicado no *Le Moniteur universel* (Paris) de 13 de janeiro de 1849.

não requeria a sua confiança. Sobrou uma única possibilidade: a da *insurreição*. As forças armadas da insurreição eram o *contingente republicano da Guarda Nacional*, a *Guarda Móvel* e os centros do proletariado revolucionário, os *clubes*. As Guardas Móveis, esses heróis das jornadas de junho, compuseram, também no mês de dezembro, a força armada organizada da *facção republicana da burguesia*, assim como, antes do mês de junho, os *Ateliês Nacionais*[26] haviam formado a força armada organizada do proletariado revolucionário. Assim como a comissão executiva da Constituinte dirigiu o seu ataque brutal aos Ateliês Nacionais, quando teve de pôr fim às reivindicações do proletariado que haviam se tornado insuportáveis, o mesmo fez o ministério de Bonaparte com a Guarda Móvel, quando teve de pôr fim às reivindicações insuportáveis da facção revolucionária da burguesia. Ele decretou a *dissolução da Guarda Móvel*. Metade dela foi dispensada e jogada na rua, a outra metade foi dotada de uma organização monárquica no lugar de uma democrática e seu soldo foi rebaixado ao nível do soldo comum das tropas de linha. A Guarda Móvel se viu na mesma condição dos insurgentes de junho e diariamente a impressa jornalística trazia *penitências públicas*, nas quais ela confessava a sua culpa pelo mês de junho e suplicava o perdão do proletariado.

E os *clubes*? No momento em que a Assembleia Constituinte, ao contestar Barrot, contestou o presidente e, ao contestar o presidente, contestou a república constituída dos burgueses e, ao contestar a república constituída dos burgueses, contestou a própria república dos burgueses, alinharam-se necessariamente em torno dela todos os elementos constituintes da república de fevereiro, todos os partidos que queriam derrubar a república existente e, por meio de um processo violento de retrogradação, aplicar-lhe o molde da república que correspondesse aos seus interesses de classe e aos seus princípios. O feito foi novamente desfeito, as cristalizações do movimento revolucionário voltaram a se tornar fluidas, a república

---

[26] Cf. nota 11, p. 56.

pela qual se lutava voltou a ser a república indefinida das jornadas de fevereiro, cuja definição cada partido reservava para si mesmo. Momentaneamente os partidos voltaram a assumir seus antigos posicionamentos de fevereiro, mas sem compartilhar as ilusões de fevereiro. Os republicanos tricolores do *National* voltaram a apoiar-se nos republicanos democráticos do *Réforme* e os puseram a combater na linha de frente da batalha parlamentar. Os republicanos democráticos voltaram a apoiar-se nos republicanos socialistas – no dia 27 de janeiro, um manifesto público anunciou sua reconciliação e coligação – e valeram-se dos clubes para preparar o seu pano de fundo insurrecional. A imprensa ministerial, com razão, tratou os republicanos tricolores do *National* como os insurgentes de junho redivivos. Para conseguir se manter no topo da república dos burgueses, eles puseram em xeque a própria república dos burgueses. No dia 26 de janeiro, o ministro Faucher apresentou uma proposta de lei sobre o direito de associação, cujo primeiro parágrafo tinha o seguinte teor: *"Os clubes estão proibidos"*. Ele requereu que esse projeto de lei fosse discutido em regime de urgência. A Constituinte rejeitou a moção de urgência e, no dia 27 de janeiro, Ledru-Rollin entrou com uma moção de *impeachment* do ministério por violação da Constituição, contendo 230 assinaturas. O grande trunfo revolucionário que a Montanha renascida passou a exibir sempre que a crise atingia um ponto alto foi o de promover o *impeachment* do ministério em um momento em que tal ato configurava a exibição grosseira da impotência do juiz, a saber, da maioria da câmara, ou equivalia a um protesto impotente do acusador contra essa mesma maioria. Pobre Montanha, esmagada pelo peso do seu próprio nome!

No dia 15 de maio, Blanqui, Barbès, Raspail etc. tentaram estourar a Assembleia Constituinte, invadindo o plenário à frente do proletariado parisiense[27]. Barrot preparou para a mesma Assembleia um 15 de maio de cunho moral ao querer ditar-lhe sua autodissolução e cerrar o seu plenário. Essa mesma Assembleia havia incumbido

---

[27] Cf. nota 13, p. 61.

Barrot da *enquête* [investigação] contra os réus de maio[28] e agora, no momento em que ele comparecia diante dela como o Blanqui monarquista, em que ela, para enfrentá-lo, buscava aliados nos clubes, entre os proletários revolucionários, no partido de Blanqui, nesse mesmo momento, o implacável Barrot a torturou com a moção de retirar os prisioneiros de maio da competência do tribunal do júri e submetê-los à alta corte, à *haute cour*, inventada pelo partido do *National*. É notável como o medo exacerbado de perder o porta-fólio ministerial foi capaz de extrair do cérebro de um Barrot tiradas dignas de um Beaumarchais! A Assembleia Nacional, depois de longa hesitação, acatou a sua moção. Em vista dos autores do atentado de maio, ela recobrou o seu caráter normal.

Enquanto a Constituinte pressionava pela *insurreição* contra o presidente e os ministros, o presidente e o ministério eram impelidos ao golpe de Estado perante a Constituinte, já que não dispunham de nenhum recurso legal para dissolvê-la. Contudo, a Constituinte era a mãe da Constituição e a Constituição era a mãe do presidente. Dando um golpe de Estado, o presidente rasgaria a Constituição e extinguiria o seu documento legal republicano. Ele seria obrigado a apresentar o seu documento legal imperialista; porém, o documento imperialista suscitaria o documento orleanista e ambos desbotariam diante do documento legal legitimista. A prostração da república legal somente alavancaria ao topo o seu extremo oposto, a monarquia legitimista, no momento em que o partido orleanista representasse apenas os vencidos do mês de fevereiro e Bonaparte só o vencedor do dia 10 de dezembro, no momento em que ambos nada tivessem a contrapor à usurpação republicana além de seus títulos monárquicos igualmente usurpados. Os legitimistas estavam conscientes da condição propícia daquele momento; eles conspiravam à luz do dia. Tinham esperança de que o General Changarnier pudesse ser o seu *Monk*[29]. O advento

---

[28] Cf. nota 16, p. 69.

[29] O general inglês George Monk ou Monck (1608-1670), Duque de Albemarle, lutou sob Cromwell contra escoceses e holandeses e, em 1660, reergueu a dinastia dos Stuarts com o auxílio das tropas sob seu comando.

da *monarquia branca* foi proclamado em seus clubes tão abertamente quanto o da *república vermelha* nos clubes proletários.

Mediante a repressão exitosa da revolta, o ministério teria escapado de todas as dificuldades. "A legalidade está nos matando", bradou Odilon Barrot. Uma revolta teria permitido, tendo como pretexto a *salut public* [salvação nacional], dissolver a Constituinte, violar a Constituição no interesse da própria Constituição. A atuação brutal de Odilon Barrot na Assembleia Nacional, a moção de dissolução dos clubes, a destituição espalhafatosa de cinquenta prefeitos tricolores e sua substituição por monarquistas, os maus-tratos infligidos aos seus chefes por Changarnier, a recondução de Lerminier, o professor que já se inviabilizara sob Guizot, a tolerância em relação às fanfarrices legitimistas – todas essas medidas visavam suscitar a revolta. Mas a revolta permaneceu quieta. Ela esperava um sinal da Constituinte e não do ministério.

Finalmente chegou o 29 de janeiro, o dia em que deveria ser tomada uma decisão quanto à moção de Mathieu (de la Drôme), solicitando a rejeição incondicional da moção de Rateau. Legitimistas, orleanistas, bonapartistas, a Guarda Móvel, a Montanha, os clubes, todos conspiravam nesse dia, cada um deles tanto contra o suposto inimigo quanto contra o suposto aliado. Bonaparte, do alto de sua montaria, passava em revista uma parte das tropas na Praça da Concórdia, Changarnier fazia jogo de cena apresentando manobras estratégicas ostensivamente, a Constituinte encontrou seu plenário ocupado pelos militares. Ela, o centro de todas as esperanças, de todos os temores, de todas as efervescências, tensões, conspirações, a Assembleia com a coragem de um leão não vacilou nem por um instante quando chegou mais perto do que de costume do *Weltgeist* [espírito mundano]. Ela se assemelhou àquele lutador que não só temia usar as suas próprias armas, mas também se sentia no dever de preservar intactas as armas do seu inimigo. Mostrando desprezo pela morte, ela assinou sua condenação e recusou a rejeição incondicional da moção de Rateau. Inclusive em estado de sítio, impôs limites a uma atividade constituinte cuja moldura necessária havia sido o estado de sítio de Paris. Ela se vingou disso à altura ao decretar, no dia seguinte, uma *enquête* [um inquérito] sobre o susto que o ministério lhe havia pregado no dia 29 de janeiro. A Montanha demonstrou toda a sua falta de energia revolucionária e de inteligência política quando, nessa grande comédia de intrigas, deixou-se desgastar pelo partido do *National* como aquela que grita as palavras de ordem. O partido do *National* havia feito sua última tentativa de continuar sustentando, na república constituída, o monopólio do domínio que detinha durante o período do surgimento da república. Ele fracassou.

Enquanto na crise de janeiro tratou-se da existência da Constituinte, na crise de 21 de março era a existência da Constituição que estava em jogo; naquela, tratou-se do pessoal do partido do *National*; nesta, do seu ideal. Nem é preciso dizer que os *honnêtes* republicanos venderam a sublimidade de sua ideologia por um preço bem mais baixo do que o fixado para o gozo mundano do poder governamental.

Na ordem do dia da sessão da Assembleia Nacional de 21 de março, constava o projeto de lei de Faucher contra o direito à associação: *a supressão dos clubes*. O artigo 8 da Constituição garante a todos os franceses o direito de se associarem. A proibição dos clubes era, portanto, uma inequívoca violação da Constituição, e a própria Constituinte deveria canonizar a profanação de seus santos. Contudo, os clubes eram os pontos de encontro, as sedes de conspiração do proletariado revolucionário. A própria Assembleia Nacional havia proibido a coalizão dos trabalhadores contra os seus burgueses. E o que eram os clubes senão uma coalizão de toda a classe operária contra toda a classe burguesa, a formação de um Estado operário contra um Estado burguês? Eles não representavam a mesma quantidade de Assembleias Constituintes do proletariado e a mesma quantidade de unidades militares, prontas para a revolta? O que a Constituição visava estabelecer era, antes de tudo, o domínio da burguesia. Portanto, ao falar de direito à associação, a Constituição só podia estar se referindo àquelas associações que estivessem em consonância com o domínio da burguesia, isto é, com a ordem burguesa. Se, por decência teórica, essa parte recebeu uma formulação mais genérica, não estavam ali o governo e a Assembleia Nacional para interpretá-la e aplicá-la ao caso isolado? E se, na época da república que antecedeu à fundação do mundo, os clubes de fato foram proibidos pelo estado de sítio, eles não deveriam, na república regulamentada e constituída, ser proibidos por lei? Os republicanos tricolores nada encontraram para contrapor a essa interpretação prosaica da Constituição além da fraseologia efusiva da própria Constituição. Uma parte deles, Pagnerre, Duclerc etc., votou a favor do ministério, proporcionando-lhe, em consequência, a maioria. A outra parte, tendo à frente o arcanjo Cavaignac e o padre da igreja Marrast, depois que a proibição dos clubes já havia sido aprovada, retirou-se, em companhia de Ledru-Rollin e da Montanha, para uma sala de reuniões em separado – "e deliberaram". A Assembleia Nacional ficou paralisada; ela não dispunha mais do quórum necessário para tomar decisões. Bem a tempo, o sr. Crémieux lembrou, na sala de reuniões, que o caminho de saída dali levava direto para a rua e que a data atual não era fevereiro de 1848, mas março de 1849. O partido do *National*, subitamente atingido por um raio de luz, retornou à plenária da Assembleia, seguido da Montanha uma vez mais iludida, ela que era constantemente atormentada por anseios revolucionários, mas que com a mesma constância procurava agarrar as oportunidades constitucionais, ela que ainda achava que a rabeira dos republicanos burgueses era um lugar melhor para se ficar do que na dianteira do proletariado revolucionário. E assim foi encenada a comédia. A própria Constituinte decretou que a violação da letra da Constituição seria a única forma de realizar o que correspondia ao seu teor.

Restava ainda um ponto a regulamentar: a relação entre a república constituída e a revolução europeia, a sua *política externa*. No dia 8 de maio 1849, reinava uma excitação incomum na Assembleia Constituinte, cujo tempo de vida expiraria em poucos dias. Na ordem do dia, estava o ataque do exército francês a Roma, seu rechaço pelos romanos, sua infâmia política e seu fiasco militar, o assassinato traiçoeiro da república romana pela república francesa, a primeira campanha militar do segundo Bonaparte na Itália[30]. A Montanha uma vez mais havia jogado o seu grande trunfo: Ledru-Rollin havia depositado sobre a mesa do presidente a inevitável peça acusatória contra o ministério e dessa vez também contra Bonaparte por violação da Constituição.

O motivo do 8 de maio repetiu-se mais tarde como motivo do 13 de junho. Esclareçamos o que foi a expedição romana.

Cavaignac havia expedido uma frota de guerra para Civitavecchia já em meados de novembro de 1848 para proteger o papa, embarcá-lo e transportá-lo para a França. O papa deveria dar sua bênção à *honnête* república e assegurar a eleição de Cavaignac para presidente. Usando o papa como isca, Cavaignac queria fisgar os padrecos, com os padrecos, os agricultores e, com os agricultores, a presidência. Tendo como primeira intenção a propaganda eleitoral, a expedição de Cavaignac era, ao mesmo tempo, um protesto e uma ameaça contra a revolução romana. Ela continha o germe da intervenção da França em favor do papa.

A decisão de fazer essa intervenção em favor do papa juntamente com a Áustria e Nápoles contra a república romana foi tomada na primeira sessão do conselho ministerial de Bonaparte, no dia 23 de dezembro. O que o papa era em Roma, Falloux era no ministério e na Roma – do papa. Bonaparte não precisava mais do papa para se tornar o presidente dos agricultores, mas precisava da conservação

---

[30] No outono de 1848, teve início na Itália um novo levante revolucionário, visando à independência nacional e reunificação do país. Em Roma, uma revolta popular armada obrigou o papa a bater em retirada, no dia 16 de novembro de 1848, e conquistou o sufrágio universal. No dia 9 de fevereiro, foi proclamada a República Romana e a abolição do poder secular do papa. Pio IX conclamou todos os Estados católicos à intervenção contra os libertários romanos. Ao lado da Áustria e de Nápoles, também tropas francesas participaram da intervenção. Sob a alegação de querer apoiar o Piemonte na luta contra a Áustria e defender a República romana, o governo francês solicitou à Assembleia Nacional, em abril de 1849, a aprovação de recursos para aparelhar uma força expedicionária que seria enviada à Itália. Ela aportou junto a Civitavecchia no dia 27 de abril de 1849. No final de abril, o primeiro ataque das tropas francesas foi rechaçado. No final de maio, teve início o segundo ataque, ao qual a República Romana sucumbiu no dia 3 de julho de 1849, depois de heroica resistência.

do papa, para conservar os agricultores do presidente. A credulidade destes o havia tornado presidente. Perdendo a fé, eles perderiam a credulidade e, perdendo o papa, perderiam a fé. E os orleanistas e legitimistas coligados, que dominavam em nome de Bonaparte! Antes de restaurar o rei, era preciso restaurar o poder que santifica os reis. Abstraindo do seu monarquismo: sem a velha Roma, submetida ao seu domínio, não haveria papa, sem o papa não haveria catolicismo, sem catolicismo não haveria religião francesa e, sem religião, o que seria da velha sociedade francesa? A hipoteca que o agricultor possui sobre os bens celestiais garante a hipoteca que a burguesia possui sobre os bens dos agricultores. A revolução romana era, portanto, um atentado à propriedade, à ordem burguesa, tão terrível quanto a Revolução de Julho. O domínio burguês restaurado na França exigia a restauração do domínio papal em Roma. Por fim, derrotando os revolucionários romanos, derrotavam-se os aliados dos revolucionários franceses; a aliança das classes contrarrevolucionárias na República francesa constituída tinha seu complemento necessário na aliança da República francesa com a santa aliança, com Nápoles e a Áustria. A resolução do conselho ministerial de 23 de dezembro não era nenhum segredo para a Assembleia Constituinte. Já no dia 8 de janeiro, Ledru-Rollin havia interpelado o ministério sobre ela, mas, ante a negativa do ministério, a Assembleia Nacional passou para a ordem do dia. Ela acreditou no que disse o ministério? Sabemos que passou todo o mês de janeiro ocupada em apresentar votos de desconfiança a ele. Porém, assim como o papel deste comportava a mentira, o papel daquela comportava fingir que acreditava na mentira e assim salvar o *dehors* [aparência] republicano.

Nesse meio tempo, o Piemonte fora derrotado, Carlos Alberto havia abdicado e o exército austríaco batia nos portões da França. Ledru-Rollin fez nova interpelação veemente. O ministério demonstrou que, no Norte da Itália, apenas se seguia a política de Cavaignac, e Cavaignac apenas dava continuidade à política do governo provisório, isto é, a de Ledru-Rollin. Dessa vez, ele até colheu da Assembleia Nacional um voto de confiança e a autorização para ocupar temporariamente um ponto apropriado do norte da Itália para, desse modo, proporcionar uma retaguarda à negociação pacífica com a Áustria sobre a integridade da região da Sardenha e sobre a questão romana. Como se sabe, o destino da Itália se decide nos campos de batalha do Norte da Itália. A queda da Lombardia e do Piemonte tinha como consequência a queda de Roma ou que a França declarasse guerra à Áustria e assim a toda a contrarrevolução europeia. Será que a Assembleia Nacional de repente achou que o ministério Barrot fosse algum comitê de salvação pública[31]? Ou achou que ela própria fosse a Convenção? Por que, afinal, ocupar militarmente um ponto do norte da Itália? Sob esse véu transparente foi dissimulada a expedição contra Roma.

No dia 14 de abril, 14 mil homens navegaram sob o comando de Oudinot para Civitavecchia; no dia 16 de abril, a Assembleia Nacional deferiu ao ministério um crédito de 1,2 milhão de francos para três meses de manutenção de uma frota de intervenção no Mar Mediterrâneo. Desse modo, ela proporcionou ao ministério todos os meios para intervir em Roma. Ela não foi conferir o que o ministério fazia, simplesmente se limitou a ouvir o que ele dizia. Nem em Israel se achou tamanha fé*: a Assembleia Constituinte chegou ao ponto de não poder saber o que a república constituída devia fazer.

No dia 8 de maio, finalmente, foi encenado o último ato da comédia: a Assembleia Constituinte exigiu que o ministério tomasse medidas o mais rápido possível para reconduzir a expedição à Itália ao objetivo que lhe fora determinado. Na mesma noite, Bonaparte publicou uma carta no *Moniteur*, na qual expressou todo o seu reconhecimento por Oudinot. No dia 11 de maio, a Assembleia Nacional rejeitou o ato de impedimento contra o mesmo Bonaparte e seu ministério. E a Montanha, que, em vez de rasgar essa teia de fraudes, fez uma leitura trágica dessa comédia parlamentar, para desempenhar

---

[31] *Le Comité de Saint Public* [O Comitê de Salvação Pública] foi estabelecido pela Convenção em 6 de abril de 1793; durante a ditadura jacobina (2 de junho de 1793 a 27 de julho de 1794) ele foi o órgão de comando do governo revolucionário na França e perdurou até 26 de outubro de 1795. (N. E. I.)

* Cf. Novo Testamento, Evangelho de Mateus, cap. 8, 10. (N. T.)

nela o papel de Fouquier-Tinville*, não traiu sua pelagem inata de novilho burguês por baixo da pele de leão emprestada da convenção!

A última metade da vida da Constituinte se resume a isto: ela admite, no dia 29 de janeiro, que as facções monarquistas da burguesia são as chefias naturais da república por ela constituída, no dia 21 de março, que a violação da Constituição é a sua realização e, no dia 11 de maio, que a aliança passiva bombasticamente anunciada da República francesa com os povos à sua volta significa a sua aliança ativa com a contrarrevolução europeia.

Essa Assembleia deplorável saiu de cena depois de ter proporcionado a si mesma, dois dias antes de completar um ano de vida, no dia 4 de maio, a satisfação de rejeitar a moção de anistia para os insurgentes de junho. Com seu poder quebrado, odiada mortalmente, repudiada, maltratada pelo povo e descartada com desprezo pela burguesia, a quem serviu de instrumento, obrigada a abnegar, na segunda metade do seu mandato, a primeira metade, privada de suas ilusões republicanas, sem ter criado grandes coisas no passado, sem esperança no futuro, morrendo aos poucos em plena vida, a única coisa que ainda conseguiu fazer foi galvanizar seu cadáver, rememorando constantemente consigo mesma a vitória de junho e revivendo-a *a posteriori*, confirmando a si mesma pela condenação constantemente reiterada dos condenados. Vampiro que vivia do sangue dos insurgentes de junho!

Seu legado foi o déficit público, acrescido dos custos da Insurreição de Junho, da perda do imposto do sal, das indenizações destinadas aos proprietários de plantações pela abolição da escravidão dos negros, dos custos da expedição romana, da perda do imposto do vinho, cuja extinção ainda conseguiu aprovar nos seus últimos estertores, como um velho que se alegra com a desgraça dos outros, feliz por deixar ao seu risonho herdeiro o ônus de uma dívida de honra comprometedora.

---

* Antoine-Quentin Fouquier-Tinville (1746-1795) foi promotor público durante a Revolução Francesa e atuou no tribunal revolucionário. (N. T.)

Karl Marx

No início de março, já havia começado a agitação eleitoral para a *Assembleia Nacional Legislativa*. Defrontaram-se dois grupos principais: o *Partido da Ordem* e o *Partido Democrático-Socialista* ou *partido vermelho*; entre os dois estavam os *Amigos da Constituição*, denominação esta que os republicanos tricolores do *National* imaginavam representar um partido. O *Partido da Ordem* se formou imediatamente após as jornadas de junho, mas foi só depois que o dia 10 de dezembro lhe permitiu desvencilhar-se da camarilha do *National*, dos republicanos burgueses, que se revelou o segredo de sua existência: a *coalizão de orleanistas* e *legitimistas* em um *único partido*. A classe burguesa desagregou-se em duas grandes facções, que haviam se revezado no monopólio do domínio, a saber, a *grande propriedade fundiária* sob a *monarquia restaurada* e a *aristocracia financeira* com a *burguesia industrial* sob a *monarquia de julho*. *Bourbon* era o nome real que representava a influência preponderante dos interesses de uma das facções, *Orléans* a designação real que representava a influência preponderante dos interesses da outra facção – o *reino sem nome da república* foi a única coisa em que as duas facções eram capazes de sustentar, em um domínio homogêneo, o interesse comum de sua classe sem renunciar à sua rivalidade mútua. Se a república dos burgueses não podia ser senão o domínio de toda a classe burguesa, aperfeiçoado e manifesto em sua forma mais pura, ela poderia ser algo diferente do que o domínio dos orleanistas complementados pelos legitimistas e dos legitimistas complementados pelos orleanistas, ou seja, a *síntese da restauração e da monarquia de julho*? Os republicanos burgueses do *National* não representavam nenhuma grande facção de sua classe fundada sobre bases econômicas. Só o que eles tinham era a relevância e o mérito histórico de terem posto em vigor, sob a monarquia, diante das duas facções da burguesia que só compreenderam o seu regime *especial*, o regime universal da classe burguesa, o *reino sem nome da república* que idealizaram para si mesmos e ornaram com arabescos antigos, mas no qual divisaram sobretudo o domínio de sua camarilha. O partido do *National* duvidou do seu próprio entendimento quando vislumbrou, no topo da república por ele fundada, os monarquistas coligados, ao passo que estes não se iludiram menos quanto ao seu domínio conjugado. Eles não compreenderam que, mesmo que cada uma de suas facções, considerada isoladamente, fosse monarquista, o produto de sua ligação química necessariamente seria *republicano*, que a monarquia branca e a monarquia azul necessariamente se neutralizariam na república tricolor. Tendo sido obrigadas pelo antagonismo ao proletariado revolucionário e às classes de transição, impelidas mais e mais a juntar-se em torno deste como centro, a empregar sua força unida e a conservar a organização dessa força unida, cada uma das facções do Partido da Ordem se viu forçada a afirmar, diante dos desejos de restauração e exaltação da outra, o domínio conjunto, isto é, a *forma republicana* do domínio burguês. Assim, de início, constatamos que esses monarquistas acreditavam em uma restauração imediata e, mais tarde, vemos que conservam a forma republicana espumando de raiva, proferindo invectivas mortais contra ela, para, por fim, admitirem que só na república conseguiriam se suportar e, consequentemente, adiar a restauração por tempo indeterminado. O próprio exercício prazeroso do domínio conjunto fortaleceu cada uma das facções e as tornou ainda mais incapazes e indispostas a se submeterem uma à outra, isto é, a restaurar a monarquia.

O *Partido da Ordem* proclamou francamente, no seu programa partidário, o domínio da classe burguesa, isto é, a manutenção das condições de vida de seu domínio, da *propriedade*, da *família*, da *religião*, da *ordem*! É claro que ele apresentava o seu domínio de classe e as condições do seu domínio de classe como o domínio da civilização e como as condições necessárias da produção material, bem como das relações comerciais decorrentes desta. O Partido da Ordem, que dispunha de gigantescos recursos financeiros, organizou sucursais em toda a França, colocou a seu soldo o conjunto dos ideólogos da velha sociedade, tinha à sua disposição a influência do poder governamental vigente, possuía um exército de vassalos não remunerados constituído por toda a massa dos pequeno-burgueses e dos agricultores, que, ainda distanciados do movimento revolucionário, viam nos grandes dignitários da propriedade os representantes naturais de sua pequena propriedade e de seus preconceitos mesquinhos; ele, que era representado em todo o país por um sem-número de pequenos reinos, poderia ver a rejeição de seus candidatos como insurreição e puni-la de acordo, demitir o trabalhador rebelde, os peões renitentes, os mensageiros, os serventes, os ferroviários, os escrivães, a totalidade dos funcionários que lhe eram subordinados no plano civil. Ele pôde, por fim, sustentar em parte a ilusão de que a Constituinte republicana teria impedido o Bonaparte do dia 10 de dezembro de manifestar os seus poderes milagrosos. Ao tratar do Partido da Ordem, não levamos em conta os bonapartistas. Eles não constituíam uma facção séria da classe burguesa, mas um ajuntamento de inválidos senis e supersticiosos e de jovens e descrentes cavaleiros em busca de fortuna. O Partido da Ordem saiu vitorioso das eleições e designou a maioria para a Assembleia Legislativa.

Diante da classe burguesa contrarrevolucionária coligada, foi natural que se unissem as parcelas já revolucionadas da pequena burguesia e da classe camponesa com o alto dignitário dos interesses revolucionários, o proletariado revolucionário. Vimos que os porta-vozes democráticos da pequena burguesia no parlamento, isto é, os membros da Montanha, foram empurrados por derrotas parlamentares para o papel de porta-vozes socialistas do proletariado e que a pequena burguesia real fora do parlamento foi empurrada pelas *concordats à l'amiable*, pela imposição brutal dos interesses burgueses, pela bancarrota, na direção dos proletários reais. No dia 27 de janeiro, a Montanha e os socialistas haviam comemorado a sua reconciliação e, no grande banquete de fevereiro de 1849, repetiram o seu ato de união. O partido social e o partido democrático, o partido dos trabalhadores e o partido dos pequeno-burgueses se uniram no *partido social-democrático*, isto é, no partido *vermelho*.

Paralisada por um momento pela agonia que se seguiu às jornadas de junho, a República francesa vivenciou, a partir da suspensão do estado de sítio, a partir do dia 19 de outubro, uma sequência ininterrupta de fortes emoções. Primeiro a luta pela presidência; depois a luta do presidente contra a Constituinte; a luta pelos clubes; o processo em Bourges[32], que, em contraste com os vultos apequenados do presidente, dos monarquistas coligados, dos *honnêtes* republicanos, da Montanha democrática, dos doutrinários socialistas do proletariado, mostrou os verdadeiros revolucionários do proletariado como gigantes primevos, que só podiam ter sido deixados na superfície da sociedade por um dilúvio ou que só podiam ser precursores de um dilúvio social; a agitação eleitoral; a execução dos assassinos do General Bréa[33]; os processos contínuos contra a imprensa; as intervenções policiais violentas do governo nos banquetes; as descaradas provocações monarquistas; a execração pública das imagens de Louis Blanc e Caussidière; a polêmica ininterrupta entre a república constituída e a Constituinte, que a cada momento fazia a revolução retornar ao seu ponto de partida, que a cada momento transformava o vencedor em vencido, o vencido em vencedor e, em um piscar de olhos, modificava a posição dos partidos e das classes, suas divisões e ligações; a marcha célere da contrarrevolução europeia; a gloriosa luta dos húngaros; os levantes armados dos alemães*; a expedição romana; a derrota vergonhosa do exército

---

[32] O processo de Bourges ocorreu de 7 de março a 2 de abril de 1849 contra vinte participantes das ações revolucionárias de 15 de maio de 1848 (cf. nota 13, p. 61). Dez acusados receberam pesadas sentenças condenatórias, Louis-Auguste Blanqui foi condenado a dez anos de solitária, os demais foram deportados para sempre ou por longo tempo.

[33] Trata-se da execução de dois insurgentes que haviam matado o General Bréa, o qual participara do desbaratamento da Insurreição de Junho de 1848 em Paris.

* Referência aos eventos revolucionários na Hungria e na Alemanha na primavera e no verão de 1849. Em abril, teve início uma contraofensiva do exército revolucionário húngaro que desbaratou as tropas austríacas e praticamente eliminou os invasores austríacos de todo o país. A Hungria declarou a sua independência no dia 14 de abril, a dinastia de Habsburgo foi oficialmente destronada e Kossuth, eleito chefe de Estado. No entanto, logo uma mudança desfavorável ao movimento revolucionário teve lugar na campanha húngara. Em meados de junho de 1849, o exército tsarista invadiu a Hungria para apoiar a contrarrevolução austríaca. A intervenção tsarista de fato foi aprovada pelos círculos dominantes da França e da Inglaterra. As forças combinadas dos Habsburgos e do tsar acabaram suprimindo a revolução húngara. Quase simultaneamente à contraofensiva húngara, explodiram levantes populares na Saxônia, na Prússia renana, no Palatinado e em Baden, em defesa da Constituição Imperial delineada pela Assembleia Nacional de Frankfurt, mas rejeitada pelo rei da Prússia e outros príncipes germânicos. Sobre o êxito desses levantes, ver o ensaio de Friedrich Engels "Die Deutsche Reichsverfassungskampagne" [A campanha em favor da Constituição Imperial Alemã]. (N. E. I.)

francês diante de Roma – nesse redemoinho, nesse tormento da intranquilidade histórica, nessas jusante e montante dramáticas das paixões, esperanças e decepções revolucionárias, as diversas classes da sociedade francesa eram obrigadas a computar em intervalos de semanas as épocas de seu desenvolvimento, que antes haviam enumerado em intervalos de meio século. Uma parte considerável dos agricultores e das províncias estava revolucionada. Ela não só estava decepcionada com Napoleão, mas o partido vermelho também lhe ofereceu um conteúdo em lugar do mero nome, a devolução do bilhão pago aos legitimistas[34] em lugar da ilusória liberação de impostos, a regulamentação da hipoteca e a revogação da usura.

O próprio exército fora contaminado pela febre revolucionária. Ele votara em Bonaparte para obter a vitória e este lhe proporcionou a derrota. Ele votara no humilde sargento[35], atrás do qual se ocultava o grande general revolucionário, e este lhe devolveu os grandes generais, atrás dos quais se ocultava o sargento talhado para as polainas. Não havia dúvida de que o partido vermelho, isto é, o partido democrático coligado, mesmo que não obtivesse a vitória, necessariamente celebraria grandes triunfos, que Paris, o exército e grande parte das províncias votariam nele. *Ledru-Rollin*, o chefe da Montanha, foi eleito por cinco *départements* [províncias]; nenhum chefe do Partido da Ordem, nem qualquer nome do partido propriamente proletário, conseguiu uma vitória como essa. Tal eleição nos revelou o segredo do Partido Democrático-Socialista. Enquanto, por um lado, a Montanha, a linha de frente parlamentar da pequena burguesia democrática, era forçada a se unir com os doutrinários socialistas do proletariado – o proletariado, pela terrível derrota material do mês de junho, obrigado a reerguer-se por meio de vitórias intelectuais, ainda não capacitado pelo desenvolvimento das demais classes a lançar mão da ditadura revolucionária, teve de jogar-se nos braços dos doutrinários de sua emancipação, os sectários socialistas –, por outro lado, os agricultores

---

[34] Cf. nota 9, p. 53.
[35] Referência a Napoleão I.

revolucionários, o exército e as províncias posicionavam-se atrás da Montanha, que se tornou, assim, aquela que dava as ordens no arraial revolucionário e que, mediante o entendimento com os socialistas, eliminara todo o antagonismo do partido revolucionário. Durante a última metade de vida da Constituinte, foi ela que representou o seu *páthos* republicano e fez com que caíssem no esquecimento os pecados que cometera durante o governo provisório, durante a comissão executiva e durante as jornadas de junho. Na mesma proporção em que o partido do *National*, em conformidade com a sua dupla natureza, deixava-se rebaixar pelo ministério monarquista, elevou-se o Partido da Montanha, anulado durante a onipotência do *National*, e impôs-se como representante parlamentar da revolução. O partido do *National*, de fato, nada tinha para contrapor às demais facções, às facções monarquistas, a não ser personalidades ambiciosas e asneiras idealistas. O Partido da Montanha, em contraposição, representava uma massa que oscilava entre a burguesia e o proletariado, cujos interesses materiais exigiam instituições democráticas. Perante os Cavaignacs e Marrasts, Ledru-Rollin e a Montanha representavam, consequentemente, a verdade da revolução e, tendo consciência dessa situação de peso, cobravam tanto mais ânimo quanto mais a expressão da energia revolucionária se limitava a invectivas parlamentares, pedidos de *impeachment*, ameaças, elevações do tom de voz, discursos tonitruantes e medidas assim extremas que não iam além da fraseologia. Os agricultores encontravam-se mais ou menos na mesma situação que os pequeno-burgueses, tendo mais ou menos as mesmas exigências sociais a apresentar. Em consequência, todos os estratos médios da sociedade, na medida em que haviam sido impelidos para dentro do movimento revolucionário, deveriam identificar Ledru-Rollin como seu herói. Ledru-Rollin era o protagonista da pequena burguesia democrática. A primeira coisa a fazer, perante o Partido da Ordem, era empurrar para o topo os reformadores meio conservadores, meio revolucionários e totalmente utópicos dessa ordem.

O partido do *National*, "os Amigos da Constituição *quand même*" [para o que der e vier], os *républicains purs et simples* [pura e simplesmente republicanos], saíram totalmente derrotados das eleições. Uma minoria foi designada para a Câmara Legislativa, seus chefes notórios desapareceram do cenário, incluindo até mesmo Marrast, o redator-chefe e Orfeu da *honnête* república.

No dia 28 de maio, constituiu-se a Assembleia Legislativa; no dia 11 de junho, repetiu-se o choque de 8 de maio, quando Ledru-Rollin requereu, em nome da Montanha, o *impeachment* do presidente e do ministério por violação da Constituição, em virtude do bombardeio a Roma. No dia 12 de junho, a Assembleia Legislativa rejeitou o requerimento, do mesmo jeito que a Assembleia Constituinte o havia rejeitado no dia 11 de maio, só que dessa vez o proletariado obrigou a Montanha a sair não para a batalha, mas para uma procissão pelas ruas. Para entender por que esse movimento foi derrotado e por que o mês de junho de 1849 foi uma caricatura tão ridícula quanto ignóbil do mês de junho de 1848, basta dizer que foi a Montanha que o encabeçou. A grande retirada de 13 de junho só foi posta na sombra pelo relato ainda mais bombástico da batalha por Changarnier, o grande homem que o Partido da Ordem conseguiu improvisar. Cada época da sociedade precisa de seus grandes homens e, caso não os encontre, ela os inventa, como diz Helvécio.

No dia 20 de dezembro, existia só mais metade da república constituída dos burgueses, a saber, o *presidente*; no dia 28 de maio, ela foi complementada pela outra metade, a Assembleia *Legislativa*. Em junho de 1848, a república dos burgueses em constituição se insculpiu nos anais da história mediante uma batalha indizível contra o proletariado; em junho 1849, a república constituída dos burgueses fez a mesma coisa mediante uma inominável comédia com a pequena burguesia. O mês de junho de 1849 foi a nêmesis do mês de junho de 1848. Em junho de 1849, não foram derrotados os trabalhadores, mas abatidos os pequeno-burgueses, que estavam entre eles e a revolução. O mês de junho de 1849 não foi a tragédia sangrenta entre o trabalho assalariado e o capital, mas o espetáculo lamentável e rico em prisões promovido por devedores e credores. O Partido da Ordem vencera; ele era onipotente e tinha de mostrar a sua verdadeira cara.

III
DECORRÊNCIAS DO 13 DE JUNHO DE 1849
De 13 de junho de 1849 a 10 de março de 1850

No dia 20 de dezembro, a cabeça de Jano da *república constitucional* tinha só mais *um* dos seus rostos para mostrar, o rosto executivo com os traços difusamente banais de L. Bonaparte; no dia 28 de maio de 1849, ela mostrou o seu segundo rosto, o *legislativo*, coberto de cicatrizes deixadas pelas orgias da restauração e da monarquia de julho. Com a Assembleia Nacional Legislativa estava completo o fenômeno da *república constitucional*, isto é, da forma republicana do Estado, em que se constituiu o domínio da classe burguesa, portanto, o domínio comum das duas grandes facções monarquistas que compõem a burguesia francesa, o domínio dos legitimistas[36] e orleanistas[37] coligados, o domínio do *Partido da Ordem*. Enquanto a República francesa caía dessa maneira em poder da coalizão dos partidos monarquistas, a coalizão europeia das forças contrarrevolucionárias empreendia uma cruzada geral contra os últimos refúgios das revoluções de março. A Rússia invadiu a Hungria, a Prússia marchou contra o exército que lutava pela Constituição do *Reich* e Oudinot bombardeou Roma. A crise europeia, pelo visto, encaminhava-se para um ponto de inflexão decisivo, os olhos de toda a Europa estavam voltados para Paris, e os olhos de toda Paris, para a *Assembleia Legislativa*.

No dia 11 de junho, Ledru-Rollin subiu à tribuna. Ele não proferiu nenhum discurso; formulou um *requisitorium* [ato acusatório] contra os ministros, nu e cru, inconspícuo, factual, concentrado, violento.

---

[36] Cf. nota 5, p. 45.
[37] Cf. nota 12, p. 59.

Karl Marx

O ataque a Roma constitui um ataque à Constituição, o ataque à República romana, um ataque à República francesa. O artigo V* da Constituição diz: "A República francesa jamais empregará suas forças armadas contra a liberdade de nenhum povo" – e o presidente está empregando o exército francês contra a liberdade romana. O artigo 54 da Constituição proíbe o poder executivo de declarar guerra, qualquer que seja, sem a anuência da Assembleia Nacional. A resolução de 8 de maio da Constituinte ordena expressamente aos ministros que redirecionem a expedição romana o mais rápido possível à sua destinação original, e lhes proíbe de modo igualmente literal a guerra contra Roma – e Oudinot está bombardeando Roma. Assim, Ledru-Rollin invocou a própria Constituição como testemunha de acusação contra Bonaparte e seus ministros. À maioria monarquista da Assembleia Nacional ele, o tribuno da Constituição, lança a seguinte declaração em tom de ameaça: "Os republicanos saberão impor o respeito à Constituição, por todos os meios, se preciso for, pela força das armas!". "*Pela força das armas!*", reverberaram as centenas de vozes da Montanha[38]. A resposta da maioria foi um tremendo tumulto; o presidente da Assembleia Nacional chamou Ledru-Rollin à ordem, Ledru-Rollin repetiu a declaração desafiadora e concluiu depositando o pedido de *impeachment* de Bonaparte e seus ministros sobre a mesa do presidente. Por 361 votos contra 203 a Assembleia Nacional decidiu ignorar o bombardeio de Roma e passar para a simples ordem do dia.

Ledru-Rollin acreditou poder derrotar a Assembleia Nacional recorrendo à Constituição, e o presidente, recorrendo à Assembleia Nacional?

A Constituição de fato proibia todo e qualquer ataque à liberdade de povos estrangeiros, mas o que o exército francês atacava em Roma, de acordo com o ministério, não era a "liberdade", mas o "despotismo da anarquia". A Montanha, a despeito de todas as experiências feitas na Assembleia Constituinte, ainda não compreendera que a interpretação da Constituição não competia mais àqueles que a fi-

---

* A numeração com algarismos romanos refere-se ao preâmbulo da Constituição francesa, ao passo que os artigos da parte principal são numerados com algarismos arábicos. (N. T.)
[38] Cf. nota 15, p. 67.

zeram, mas tão somente àqueles que a haviam aceitado? Ainda não compreendera que seu teor deveria ser interpretado em um sentido viável e que o sentido burguês era seu único sentido viável? Ainda não compreendera que Bonaparte e a maioria monarquista da Assembleia Nacional eram os autênticos intérpretes da Constituição, assim como os padrecos são os autênticos intérpretes da Bíblia e o juiz o autêntico intérprete da lei? Por acaso a Assembleia Nacional, que acabara de emergir com todo o seu viço do seio das eleições gerais, deveria se sentir obrigada pela disposição testamentária da falecida Assembleia Constituinte, cuja vontade enérgica havia sido dobrada por Odilon Barrot? Ao reportar-se à resolução de 8 de maio da Constituinte, Ledru-Rollin esqueceu que aquela mesma Constituinte havia rejeitado, no dia 11 de maio, o seu primeiro ato acusatório pelo *impeachment* de Bonaparte e dos ministros, esqueceu que ela havia absolvido o presidente e os ministros e que, ao fazer isso, havia sancionado o ataque a Roma como "constitucional"? Ele não se deu conta de que estava apenas apelando contra uma sentença já pronunciada e, por último, que estava lançando um apelo mediante a Assembleia Constituinte republicana a uma Assembleia Legislativa monarquista? A própria Constituição se socorre da insurreição, ao convocar, em artigo específico, cada cidadão a protegê-la. Ledru-Rollin se baseou nesse artigo. Mas os poderes públicos não são também organizados visando à proteção da Constituição? E a violação da Constituição não começa no instante em que um dos poderes públicos constitucionais se rebela contra o outro? O presidente da república, os ministros da república e a Assembleia Nacional da república se encontram na mais harmônica das concórdias.

O que a Montanha tentou, no dia 11 de junho, foi *"uma insurreição dentro dos limites da razão pura"*, isto é, uma *insurreição puramente parlamentar*. A maioria da Assembleia deveria, intimidada pela perspectiva de um levante armado das massas populares, romper com Bonaparte e os ministros e assim quebrar seu próprio poder e desfazer a importância de sua própria eleição. A Constituinte não havia tentado cassar a eleição de Bonaparte de maneira similar quando insistira tão obstinadamente na destituição do ministério de Barrot-Falloux?

Não faltaram exemplos do tempo da Convenção para insurreições parlamentares, que de repente haviam virado a relação entre maioria e minoria radicalmente de cabeça para baixo – e por que a jovem Montanha não lograria o que a antiga havia logrado? –, tampouco as condições momentâneas pareciam desfavoráveis a um empreendimento dessa natureza. A agitação popular havia atingido um clímax preocupante em Paris, o exército, a julgar pelos votos dados nas eleições, não parecia inclinado a apoiar o governo, a própria maioria legislativa ainda era muito jovem para ter se consolidado e, além do mais, era composta de velhos senhores. Se a Montanha lograsse êxito em uma insurreição parlamentar, o leme do Estado cairia diretamente em suas mãos. A pequena burguesia democrática, por sua vez, como sempre, não acalentava anseio maior do que ver a luta sendo travada nas nuvens acima de suas cabeças, entre os espíritos enclausurados no parlamento. Finalmente ambos, a pequena burguesia democrática e sua representante, a Montanha, teriam alcançado, mediante uma insurreição parlamentar, o grande objetivo de quebrar o poder da burguesia sem dar luz verde ao proletariado ou sem que ele aparecesse em cena, a não ser como possibilidade; o proletariado teria sido usado sem se tornar perigoso.

Após o voto da Assembleia Nacional de 11 de junho, ocorreu uma reunião entre alguns membros da Montanha e delegados das sociedades secretas dos trabalhadores. Estes insistiram em partir para o ataque naquela mesma noite. A Montanha rejeitou esse plano resolutamente. Ela não quis entregar a condução do processo de jeito nenhum; seus aliados lhe eram tão suspeitos quanto os seus adversários, e com razão. As lembranças do mês de junho de 1848[39] propagavam-se, mais vivas do que nunca, entre as fileiras do proletariado parisiense. Ainda assim, ele estava acorrentado à aliança com a Montanha. Esta representava a maioria dos *départements*, exagerou

---
[39] Cf. nota 7, p. 48.

sua influência no exército, dispunha da parcela democrática da Guarda Nacional, estava respaldada pela força moral da *boutique*. Começar a insurreição nesse momento contra a vontade dela significaria para o proletariado – ademais dizimado pela cólera, afugentado de Paris em considerável número pela falta de trabalho – repetir inutilmente as jornadas de junho de 1848 sem base na situação que o havia impelido à luta desesperada. Os delegados proletários fizeram a única coisa racional. Eles obrigaram a Montanha a se *comprometer*, isto é, a sair dos limites da batalha parlamentar caso o seu pedido de *impeachment* fosse rejeitado. Durante todo o dia 13 de junho, o proletariado manteve a mesma postura de observação cética e aguardou uma peleja seriamente engajada e irrevogável entre a Guarda Nacional democrática e o exército, para então lançar-se na batalha e empurrar a revolução para além da meta pequeno-burguesa demarcada para ela. Em caso de vitória, já estava formada a comuna proletária, que deveria ser constituída paralelamente ao governo oficial. Os trabalhadores parisienses haviam aprendido a lição na escola sangrenta do mês de junho de 1848.

No dia 12 de junho, o próprio ministro Lacrosse apresentou a moção na Assembleia Legislativa de passar imediatamente à discussão do pedido de *impeachment*. Durante a noite, o governo havia tomado todas as providências para a defesa e o ataque; a maioria da Assembleia Nacional estava decidida a levar a minoria rebelde para as ruas; a própria minoria não podia mais recuar; os dados haviam sido lançados; 377 votos contra 8 rejeitaram o pedido de impedimento; a Montanha, que se abstivera da votação, desmoronou estrepitosamente nos salões de propaganda da "democracia pacífica", ou seja, nas salas de redação da *Démocratie Pacifique**.

O fato de terem se distanciado do prédio do parlamento exauriu suas forças, assim como distanciar-se da Terra exauria a força de

---

* A reunião dos líderes da Montanha ocorreu nos recintos do diário fourierista *La Démocratie Pacifique*, na noite de 12 de junho de 1849 (a expressão "democracia pacífica", usada por Marx, é alusão ao título e à tendência do jornal). Os participantes se recusaram a pegar em armas e decidiram limitar-se a uma demonstração pacífica. (N. E. I.)

Anteu, seu filho gigante. Sansões nos recintos da Assembleia Legislativa, não passavam de filisteus nos recintos da "democracia pacífica". Desfiou-se um debate longo, ruidoso e sem fundamento. A Montanha estava decidida a forçar o respeito à Constituição por todos os meios *"exceto pela força das armas"*. Nessa resolução ela recebeu apoio de um manifesto e de uma delegação dos "Amigos da Constituição"*. "Amigos da Constituição" foi a nova denominação adotada pelos escombros da camarilha do *National*, o partido republicano burguês. Enquanto dos representantes parlamentares que lhe restaram seis haviam votado *contra* e os demais *a favor* da rejeição do ato acusatório, enquanto *Cavaignac* colocava a sua espada à disposição do Partido da Ordem, a parcela extraparlamentar mais significativa da camarilha aproveitou avidamente o ensejo para abandonar sua postura de pária político e se imiscuir nas fileiras do partido democrático. Acaso eles já não mostraram ser os escudeiros naturais desse partido, que se escondia sob o seu escudo, sob o seu *princípio*, sob a *Constituição*?

Até o alvorecer, a "Montanha" permaneceu em trabalho de parto. Ela pariu *"uma proclamação ao povo"*, que, na manhã do dia 13 de junho, ocupou um lugar mais ou menos acanhado em dois jornais socialistas[40]. Ela declarou o presidente, os ministros, a maioria da Assembleia Legislativa *"fora da Constituição"* (*hors la constitution*) e conclamou a Guarda Nacional, o exército e, por fim, também o povo a "se levantar". *"Viva a Constituição!"* foi a palavra de ordem divulgada por ela, palavra de ordem que não significava outra coisa que *"Abaixo a revolução!"*.

À proclamação constitucional da Montanha correspondeu, no dia 13 de junho, uma assim chamada *demonstração pacífica* dos pequeno-burgueses, isto é, uma procissão de rua que partiu do Château d'Eau,

---

* No manifesto publicado no jornal *Le Peuple*, n. 206, de 13 de junho de 1849, a Associação Democrática dos Amigos da Constituição – organização de burgueses moderados composta pelos membros do partido *National* durante a campanha eleitoral para a Assembleia Legislativa – convocou os cidadãos de Paris a participar de uma demonstração pacífica em protesto contra as "presunçosas pretensões" das autoridades do Executivo. (N. E. I.)

[40] A proclamação ao povo foi publicada no dia 13 de maio com o título "Déclaration de la Montagne au peuple français". *Paris 12 juin [1849]*, no jornal *Le Peuple* (de Paris), e com o título "Au peuple français", nos jornais *La Démocratie Pacifique* (de Paris) e *La Réforme* (de Paris).

passando pelos *boulevards*; foram 30 mil pessoas, na maioria integrantes da Guarda Nacional, desarmados, misturados com membros das seções secretas dos trabalhadores, movendo-se aos gritos de *"Viva a Constituição!"* proferidos pelos integrantes do próprio cortejo de forma mecânica, gélida, com a consciência pesada, gritos que, em vez de se avolumarem como trovoadas, eram devolvidos ironicamente pelo eco do povo que se aglomerava nos *trottoirs* [calçadas]. Faltava ao canto polifônico a voz de peito. Quando o cortejo passou defronte à sede dos "Amigos da Constituição" e, na cumeeira do prédio, apareceu um arauto de aluguel da Constituição, que com o seu chapéu de torcedor contratado cortou vigorosamente o ar e com seu imenso pulmão fez o bordão *"Viva a Constituição"* se abater como granizo sobre as cabeças dos romeiros, estes, por um instante, pareceram aturdidos pela comicidade da situação. É sabido que, ao chegar na desembocadura da *Rue de la Paix* [Rua da Paz], nos *boulevards*, o cortejo foi recebido pelos dragões e caçadores de Changarnier de modo nada parlamentar, dispersou-se em um piscar de olhos por todas as direções e ainda atirou para o ar uns poucos brados de "às armas", apenas para que a convocação parlamentar às armas feita em 11 de junho se cumprisse.

A maioria dos integrantes da Montanha, reunidos na *Rue du Hasard* [Rua do Azar/Destino], debandou quando a dispersão violenta da procissão pacífica, quando boatos ditos à meia voz sobre o assassinato de cidadãos desarmados nos *boulevards*, quando o crescente tumulto nas ruas pareceram anunciar a aproximação de uma revolta. *Ledru-Rollin*, encabeçando um pequeno grupo de deputados, salvou a honra da Montanha. Sob a proteção da artilharia de Paris, que havia se reunido no *Palais National*, eles rumaram para o *Conservatoire des Arts et Métiers* [Conservatório de Artes e Ofícios], onde se aguardava a chegada da 5ª e da 6ª legiões da Guarda Nacional. Porém, os *montagnards* esperaram em vão pela 5ª e 6ª legiões; precavidas, essas Guardas Nacionais deixaram seus representantes na mão; a própria artilharia de Paris impediu o povo de levantar barricadas; uma situação caótica tornava impossível tomar qualquer resolução; as tropas de linha avançaram com as baionetas caladas; uma parte dos representantes foi presa, a outra fugiu. Foi como terminou o dia 13 de junho.

Se o dia 23 de junho de 1848 foi a insurreição do proletariado revolucionário, o dia 13 de junho de 1849 foi a insurreição dos pequeno-burgueses democráticos, sendo cada uma dessas duas insurreições a expressão *clássica mais pura* da classe que a promoveu.

Apenas em Lyon[41] ocorreu um conflito renhido e sangrento. Nessa cidade, onde a burguesia industrial e o proletariado industrial se confrontam diretamente, onde o movimento dos trabalhadores não é confinado nem determinado pelo movimento geral como em Paris, o 13 de junho perdeu, no contragolpe, o seu caráter original. Nas demais províncias em que repercutiu, ele não se inflamou – foi um *relâmpago de luz fria*.

O dia 13 de junho encerrou o primeiro *período da vida da república constitucional*, que havia chegado à sua existência normal no dia 28 de maio 1849 com a reunião constitutiva da Assembleia Legislativa. Todo o tempo que durou esse prólogo foi preenchido pela ruidosa polêmica entre o Partido da Ordem e a Montanha, entre a burguesia e a pequena burguesia, que em vão resiste ao estabelecimento da república dos burgueses, em favor da qual ela própria havia conspirado ininterruptamente no governo provisório e na comissão executiva, pela qual havia lutado fanaticamente contra o proletariado durante as jornadas de junho. O dia 13 de junho quebrou a sua resistência e tornou a *ditadura legislativa* dos monarquistas unidos um *fait accompli* [fato consumado]. A partir desse instante, a Assembleia Nacional ficou reduzida à condição de mero *comitê de assistência social do Partido da Ordem*.

Paris colocara o presidente, os ministros e a maioria da Assembleia Nacional em *"estado de impeachment"*; estes colocaram Paris em *"estado de sítio"*. A Montanha declarara a maioria da Assembleia Legislativa *"fora da Constituição"*; por violação da Constituição, a maioria entregou a Montanha à *haute cour* [alta corte] e proscreveu tudo o que ainda

---

[41] Em Lyon, no dia 15 de junho de 1849, houve um levante armado dos trabalhadores que foi sufocado após oito horas de luta sangrenta.

havia de energia vital nela[42]. Ela foi dizimada, restando apenas um torso sem cabeça e sem coração. A minoria tinha ido até a tentativa de *insurreição parlamentar*; a maioria conferiu *status* de lei ao *despotismo parlamentar* daquela, ao decretar um novo *regimento interno*, que suprimia a liberdade da tribuna e conferia poderes ao presidente da Assembleia Nacional para punir a violação da ordem por parte dos representantes com censura, multas, retenção dos valores pagos a título de indenidade, expulsão temporária e encarceramento. No lugar da espada, ela suspendeu a vara sobre o torso da Montanha. O resto dos deputados da Montanha, como questão de honra, deveria ter renunciado em massa. Tal ato teria acelerado a dissolução do Partido da Ordem. Ele se desagregaria em seus componentes originais no instante em que não houvesse mais nem a sombra de um antagonismo para dar-lhe coesão.

Ao mesmo tempo que foram privados do seu poder *parlamentar*, os pequeno-burgueses democráticos também perderam o seu poder *armado* em virtude da dissolução da artilharia parisiense, assim como da 8ª, 9ª e 12ª legiões da Guarda Nacional. A legião das altas finanças, em contraposição, que, no dia 13 de junho, atacara as gráficas de Boulé e Roux, destroçara os prelos, devastara as redações dos jornais republicanos, prendera arbitrariamente redatores, tipógrafos, impressores, expedidores e estafetas, recebeu palavras de estímulo ditas da tribuna da Assembleia Nacional. Em todo o território da França, repetiu-se a dissolução das Guardas Nacionais suspeitas de republicanismo.

Nova *lei de imprensa*, nova *lei das associações*, nova *lei do estado de sítio*, as prisões de Paris superlotadas, os foragidos políticos escorraçados, todos os jornais que iam além dos limites do *National* suspensos, Lyon e os cinco *départements* adjacentes abandonados às chicanas brutais

---

[42] No dia 10 de agosto de 1849, a Assembleia Nacional Legislativa aprovou uma lei que entregava à Corte Criminal os "incitadores e cúmplices da conspiração e do atentado do dia 13 de junho". Trinta e quatro deputados da Montanha, entre eles Alexandre Ledru-Rollin, Félix Pyat e Victor Considérant, perderam seus mandatos e foram processados ou, na medida em que conseguiram emigrar, condenados na ausência. A maioria da Assembleia Nacional aprovou um regimento interno que restringia a liberdade de expressão dos deputados e conferia ao presidente André Dupin o direito de promover exclusões e desconto de diárias.

Karl Marx

do despotismo militar, as promotorias onipresentes, o exército dos funcionários, tantas vezes depurado, mais uma vez depurado: esses foram os inevitáveis *lugares-comuns* constantemente reiterados pela reação vitoriosa, dignos de menção após os massacres e as deportações do mês de junho só porque dessa vez foram dirigidos não só contra Paris, mas também contra os *départements*, não só contra o proletariado, mas sobretudo contra a classe média.

As leis repressivas, pelas quais a decretação do estado de sítio foi posta na dependência de um parecer do governo, a imprensa amordaçada com mais firmeza ainda e o direito à associação suprimido absorveram toda a atividade legislativa da Assembleia Nacional durante os meses de junho, julho e agosto.

Essa época, no entanto, não se caracteriza pela exploração *de fato*, mas pela exploração *em princípio* da vitória, não pelas decisões tomadas pela Assembleia Nacional, mas pela motivação dessas decisões, não pela coisa, mas pela fraseologia, não pela fraseologia, mas pela entonação e pela gesticulação que animam a fraseologia. A explicitação oral inescrupulosamente descarada da *mentalidade monarquista*, o insulto desdenhosamente airoso contra a república, a tagarelice inconfidente, frívola e coquete dos propósitos da restauração, em suma, a violação jactanciosa da *decência republicana* conferem a esse período o tom e o matiz que lhe são peculiares. Viva a Constituição! Esse foi grito de guerra dos *derrotados* do dia 13 de junho. Os *vencedores* estavam, portanto, dispensados da hipocrisia da linguagem constitucional, isto é, da linguagem republicana. A contrarrevolução subjugou Hungria, Itália e Alemanha, e acreditava que a restauração já se encontrava diante dos portões da França. Desencadeou-se uma verdadeira competição entre os mestres-salas das facções da ordem para documentar o seu monarquismo por meio do *Moniteur* e confessar, penitenciar e suplicar perdão diante de Deus e dos homens por eventuais pecados liberais cometidos sob o regime da monarquia. Não passava dia sem que a Revolução de Fevereiro fosse descrita da tribuna da Assembleia Nacional como uma desgraça pública, sem que algum *Junker* [fidalgo] legitimista plantador de couves da província asseverasse solenemente

As lutas de classes na França de 1848 a 1850

jamais ter reconhecido a república, sem que algum dos fujões e traidores covardes da monarquia de julho narrasse *a posteriori* os feitos heroicos que teria realizado, caso o espírito filantrópico de Luís Filipe ou outros mal-entendidos não tivessem malogrado o seu cometimento. O aspecto a admirar nas jornadas de fevereiro não teria sido a magnanimidade do povo vitorioso, mas a abnegação e a moderação dos monarquistas, que permitiram que o povo fosse vitorioso. Um representante do povo sugeriu redirecionar uma parte da verba de apoio destinada aos feridos do mês de fevereiro para as *Guardas Municipais**, as únicas que naqueles dias teriam angariado algum mérito em defesa da pátria. Outro[43] quis que fosse decretada a edificação de uma estátua equestre para o Duque de Orléans na Praça do Carrossel. Thiers chamou a Constituição de pedaço de papel borrado. Um após o outro subiram à tribuna os orleanistas penitenciando-se por terem conspirado contra o reinado legítimo, os legitimistas inculpando-se por terem acelerado a queda do reinado como tal quando se sublevaram contra o reinado ilegítimo, Thiers arrependendo-se de ter intrigado contra Molé, Molé arrependendo-se de ter intrigado contra Guizot, Barrot arrependendo-se de ter intrigado contra todos os três. A aclamação "Viva a república social-democrática!" foi declarada inconstitucional; a aclamação "Viva a república!" se tornou passível de punição por ser social-democrática. No aniversário da batalha de Waterloo[44], um representante declarou: "Temo menos a invasão da Prússia do que o ingresso dos fugitivos revolucionários na França"[45]. As queixas contra o terrorismo que teria sido organizado em Lyon e nos *départements* circunvizinhos foram respondidas por

---

* A alusão diz respeito à Guarda Municipal de *Paris, formada após a Revolução de Julho de* 1830 e subordinada ao chefe de polícia. Ela foi usada para suprimir levantes populares e dispersada após a Revolução de Fevereiro de 1848. (N. E. I.)

[43] Referência a Gaspard de Gourgaud.

[44] Nas proximidades de Waterloo, na Bélgica, Napoleão I foi derrotado em 18 de junho de 1815 por tropas inglesas e holandesas sob o comando de Wellington e pelo exército prussiano comandado por Blücher, o que levou à queda definitiva do imperador francês.

[45] Marx cita frase do discurso de Louis-Charles-Alexandre Estancelin na sessão da Assembleia Nacional de 19 de junho de 1849, publicada no *Moniteur Universel* de 20 de julho de 1849.

Baraguey-d'Hilliers: "Prefiro o terror branco ao terror vermelho" (*J'aime mieux la terreur blanche que la terreur rouge*). E a Assembleia prorrompia em aplausos frenéticos toda vez que os lábios dos oradores deixavam escapar um epigrama contra a república, contra a revolução, contra a Constituição, a favor do reinado, a favor da Santa Aliança. Qualquer violação das formalidades republicanas, por menor que fosse, como a de dirigir-se aos representantes como "*citoyens*" [cidadãos], enchia os cavaleiros da ordem de entusiasmo.

As eleições complementares de Paris, realizadas, no dia 8 de julho, sob a influência do estado de sítio, nas quais boa parte do proletariado se absteve de votar, a tomada de Roma pelo exército francês, a entrada triunfal das eminências escarlates[46] em Roma e, na esteira delas, da inquisição e do terrorismo monástico adicionaram novas vitórias à vitória de junho e intensificaram o êxtase do Partido da Ordem.

Finalmente, em meados de agosto, meio com a intenção de participar das reuniões dos conselhos provinciais recém-constituídos, meio cansados dos muitos meses de orgia tendenciosa, os monarquistas decretaram dois meses de recesso para a Assembleia Nacional. Uma comissão de 25 representantes, composta da nata dos legitimistas e orleanistas, de um Molé e de Changarnier, ficou para trás, em translúcida ironia, como representante da Assembleia Nacional e como *guardiã da república*[47]. A ironia foi mais profunda do que imaginavam. Eles, que foram condenados pela história a ajudar a derrubar o reinado que amavam, foram designados por ela a conservar a república que odiavam.

O *recesso* da Assembleia Legislativa *fecha o segundo período de existência da república constitucional*, a sua *adolescência monarquista*.

---

[46] Após o desmantelamento da República romana (cf. nota 30, p. 94), foi restabelecido o domínio papal no dia 15 de julho de 1849. O papa Pio IX designou uma comissão de governo composta de três cardeais, Della Genga, Vanicelli-Casoni e Luigi Altieri, que instalou um regime de terror sob a proteção do exército francês.

[47] Segundo o artigo 32 da Constituição da República francesa de 4 de novembro de 1848, antes de cada recesso, a Assembleia Nacional deveria nomear uma comissão permanente composta de 25 deputados eleitos e dos membros da mesa da Assembleia. Essa comissão tinha poderes para, caso necessário, convocar a Assembleia Nacional. Durante o recesso parlamentar de 1850, fizeram parte dessa comissão 39 pessoas: 25 representantes eleitos, 11 membros da mesa e 3 questores.

As lutas de classes na França de 1848 a 1850

O estado de sítio de Paris foi novamente revogado, recomeçou a atividade da imprensa. Durante a suspensão das folhas social-democráticas, durante o período da legislação repressiva e das lambanças monarquistas, o *Siècle*, velho representante literário dos *pequeno-burgueses monárquico-constitucionais, republicanizou-se*, o *Presse*, velha expressão literária dos *reformistas burgueses, democratizou-se*, o *National*, velho órgão clássico dos *burgueses republicanos, virou socialista*.

As *sociedades secretas* cresceram em extensão e intensidade na mesma proporção em que os *clubes públicos* se tornaram inviáveis. As *associações de trabalhadores* da indústria, toleradas como companhias puramente comerciais, economicamente inexpressivas, transformaram-se politicamente em igual número de meios de coesão do proletariado. O dia 13 de junho havia cortado as cabeças oficiais dos partidos semirrevolucionários; as massas restantes criaram sua própria cabeça. Os cavalheiros da ordem semearam a intimidação, agourando os terrores da república vermelha, mas os excessos secretos, as atrocidades hiperbóreas da contrarrevolução vitoriosa na Hungria, em Baden e em Roma branquearam a *"república vermelha"*. E as classes intermediárias descontentes da sociedade francesa começaram a preferir as promessas da república vermelha com seus terrores problemáticos aos terrores da monarquia vermelha com sua desesperança factual. Nenhum socialista fez tanta propaganda revolucionária na França quanto Haynau*. *À chaque capacité selon ses œuvres* [A cada capacidade de acordo com suas obras].

Entrementes Luís Bonaparte aproveitava as férias da Assembleia Nacional para realizar viagens principescas pelas províncias, os legitimistas mais fervorosos peregrinavam a Ems, onde vivia o neto de São Luís[48], e a massa dos representantes populares amantes da ordem urdia intrigas nos conselhos provinciais recém-constituídos. A

---

* Julius, Barão de Haynau (1786-1853), general austríaco que reprimiu brutalmente os movimentos revolucionários na Itália (1848) e na Hungria (1849). (N. T.)

[48] Ems e mais tarde também Veneza eram locais de residência do Conde de Chambord. Em sua ausência, foi realizado em Ems, perto de Wiesbaden, um congresso dos legitimistas, em agosto de 1849.

intenção por trás disso era fazer com que eles dissessem abertamente o que a maioria da Assembleia Nacional ainda não ousara formular, ou seja, a *moção em caráter de urgência de revisão imediata da Constituição*. Conforme a própria Constituição, ela só poderia ser revisada em 1852 por uma Assembleia Nacional convocada exclusivamente para esse fim. Porém, se a maioria dos conselhos provinciais se pronunciasse nesse sentido, por acaso a Assembleia Nacional não deveria sacrificar a virgindade da Constituição ao clamor da França? A Assembleia Nacional nutria em relação a essas assembleias provinciais as mesmas esperanças que as monjas em relação às pandoras na *Henríade* de Voltaire. Porém, os potifares da Assembleia Nacional, salvo algumas exceções, estavam lidando com igual número de josés das províncias*. A maioria não quis entender a insistente insinuação. A revisão da Constituição foi malograda com os mesmos instrumentos com que se pretendia trazê-la à existência, isto é, com as votações nos conselhos dos *départements*. Falou a voz da França, mais exatamente, a voz da França burguesa, e pronunciou-se contra a revisão.

No início de outubro, a Assembleia Nacional Legislativa voltou a se reunir – *tantum mutatus ab illo* [como mudou desde então]. A sua fisionomia estava bem diferente. A rejeição inesperada da revisão por parte dos conselhos provinciais a havia remetido aos limites da Constituição e aos limites postos à sua vida parlamentar. Os orleanistas ficaram desconfiados com as peregrinações dos legitimistas a Ems; os legitimistas desconfiaram das tratativas dos orleanistas com Londres[49]; os jornais de ambas as facções haviam atiçado o fogo e ponderado as pretensões recíprocas dos seus pretendentes. Orleanistas e legitimistas unidos resmungavam das maquinações dos bonapartistas que vieram à tona nas viagens principescas, nas tentativas mais ou menos transparentes de emancipação do presi-

---

* Alusão à marrativa de Gênesis 39, mais exatamente ao episódio em que a mulher de Potifar insistentemente procura seduzir José, mas este se faz de desentendido e a recusa, preferindo sofrer as consequências. (N. T.)

[49] Referência a negociações entre os orleanistas e Luís Filipe, que fugira da França após a Revolução de Fevereiro e residia no castelo de Claremont, ao sul de Londres, ou no balneário Saint Leonards, perto de Hastings.

dente, na linguagem reivindicatória dos jornais bonapartistas; Luís Bonaparte se ressentia de uma Assembleia Nacional que achava justa e correta apenas a conspiração legitimista-orleanista, de um ministério que constantemente o traía com essa Assembleia Nacional. O ministério, enfim, estava dividido a respeito da política em relação a Roma e a respeito do *imposto de renda* proposto pelo ministro *Passy*, mas esculachado pelos conservadores como socialista.

Um dos primeiros projetos que o ministério de Barrot submeteu à apreciação do legislativo novamente reunido foi uma solicitação de crédito de 300 mil francos para o pagamento da pensão de viúva da *Duquesa de Orléans*. A Assembleia Nacional a deferiu e adicionou ao registro de dívidas da nação francesa a soma de 7 milhões de francos. Assim, enquanto Luís Filipe continuava a fazer sucesso no papel do *pauvre honteux*, do mendigo envergonhado, o ministério não ousava requerer um aumento de ordenado para Bonaparte nem a Assembleia parecia inclinada a concedê-lo. E Luís Bonaparte oscilava, como de costume, diante do dilema: *Aut Caesar aut Clichy!* [Ou César ou Clichy!][50].

A segunda solicitação de crédito do ministro, no valor de 9 milhões de francos para cobrir *os custos da expedição romana*, aumentou a tensão entre Bonaparte, por um lado, e os ministros e a Assembleia Nacional, por outro. Luís Bonaparte havia inserido no *Moniteur* uma carta ao seu oficial ordenança Edgar Ney, em que amarrava o governo papal às garantias constitucionais. O papa, por sua vez, havia emitido uma declaração "motu proprio", em que rejeitava qualquer restrição ao domínio restaurado. A carta de Bonaparte levantou com indiscrição proposital a cortina do seu gabinete, para expô-lo aos olhares da galeria como gênio benevolente, mas ignorado e amarrado dentro de sua própria casa. Não era a primeira vez que ele flertava com o "furtivo bater de asas de uma alma livre"[51]. *Thiers*, o relator da comissão, ignorou completamente o bater de asas de Bonaparte e se contentou com verter para o francês a alocução papal. Não foi o ministério, mas

---

[50] Clichy foi uma prisão para endividados em Paris de 1826 a 1867.
[51] Citação modificada de uma linha da poesia *Aus den Bergen*, de Georg Herwegh.

Victor Hugo que tentou salvar o presidente, solicitando a aprovação de uma ordem do dia em que a Assembleia Nacional deveria expressar a sua aprovação à carta de Napoleão. *Allons donc! Allons donc!* [Ora vamos! Ora vamos!] Com essa interjeição desrespeitosamente leviana a maioria sepultou a moção de Hugo. A política do presidente? A carta do presidente? O próprio presidente? *Allons donc! Allons donc!* Quem, diabos, leva o *monsieur* [senhor] Bonaparte *au serieux* [a sério]? O senhor acredita mesmo, *monsieur* Victor Hugo, que nós acreditamos que o senhor acredita no presidente? *Allons donc! Allons donc!*

Por fim, a ruptura entre Bonaparte e a Assembleia Nacional foi acelerada pela discussão sobre a *repatriação dos Orléans e Bourbons*. Na omissão do ministério, o sobrinho do presidente, o filho do ex-rei da Vestfália, apresentara essa moção, cujo propósito não era outro senão rebaixar os pretendentes legitimista e orleanista ao mesmo plano ou, antes, a um plano *inferior* ao do pretendente bonapartista, que pelo menos ocupava de fato o topo do Estado.

Napoleão Bonaparte era suficientemente desrespeitoso para fazer constar a *repatriação das famílias reais banidas* e a *anistia aos insurgentes de junho* como componentes de uma e mesma moção. A indignação da maioria forçou-o a desculpar-se imediatamente por essa vinculação sacrílega do sagrado com o infame, das estirpes reais com a ninhada proletária, das estrelas-guias da sociedade com seus fogos-fátuos e a atribuir a cada uma das moções a hierarquia que lhe correspondia. A Assembleia recusou energicamente a repatriação da família real, e *Berryer*, o Demóstenes dos legitimistas, não deixou margem a dúvidas quanto ao sentido desse parecer. A degradação burguesa dos pretendentes é o que se almeja! O que se deseja é privá-los da última aura de santidade, da derradeira majestade que lhes restou, da *majestade do exílio*! O que pensar – bradou Berryer – de um pretendente que, esquecendo-se da sua excelsa origem, viesse aqui viver como simples pessoa física? Não havia como dizer mais claramente a Luís Bonaparte que ele não havia sido vitorioso devido à sua presença, que, enquanto os monarquistas coligados precisassem dele aqui na França como *pessoa neutra* ocupando a cadeira presidencial, os pretendentes mais sérios ao trono deveriam permanecer, abstraídos dos olhares profanos, na névoa do exílio.

No dia 1º de novembro, Luís Bonaparte respondeu à Assembleia Legislativa com uma mensagem que, com palavras bastante ríspidas, indicava a demissão do ministério de Barrot e a formação de um novo ministério. O ministério de Barrot-Falloux foi o ministério da coalizão monarquista, o ministério de Hautpoul foi o ministério de Bonaparte, o órgão do presidente perante a Assembleia Legislativa, o *ministério dos comissários*.

Bonaparte não era mais o mero *homem neutro* do dia 10 de dezembro de 1848. A posse do poder executivo havia agrupado certa quantidade de interesses em torno dele, a luta contra a anarquia obrigou o próprio Partido da Ordem a aumentar a influência dele e, se Bonaparte *deixasse de ser* popular, o Partido da Ordem se tornaria *impopular*. Porventura ele não poderia nutrir a esperança de forçar orleanistas e legitimistas, em virtude de sua rivalidade e da necessidade de alguma restauração monárquica, a reconhecer o *pretendente neutro*?

O dia 1º de novembro de 1849 marca a data de início do terceiro período de existência da república constitucional, período que se encerra no dia 10 de março de 1850. Não só começa aí o jogo regular das instituições constitucionais, tão apreciado por Guizot, como também a querela entre o poder executivo e o poder legislativo. Diante dos anseios de restauração dos orleanistas e legitimistas unidos, Bonaparte representa a autoridade do seu poder de fato, a da república; diante dos anseios de restauração de Bonaparte, o Partido da Ordem representa a autoridade do seu domínio comum, a da república; diante dos orleanistas, os legitimistas representam o *status quo*, a república, assim como, diante dos legitimistas, os orleanistas. Todas essas facções do Partido da Ordem, tendo cada uma delas *in petto* [secretamente] o seu próprio rei e a sua própria restauração, fazem valer reciprocamente, perante os anseios de usurpação e exaltação de seus rivais, o domínio comum da burguesia, a forma em que as pretensões específicas permanecem neutralizadas e reservadas – *a república*.

Para esses monarquistas, *o reinado* é o mesmo que, para Kant, a república, a qual, como a única forma racional do Estado, torna-se um postulado da razão prática, cuja realização nunca é consumada, mas cuja consumação sempre deve ser almejada e preservada como intencionalidade.

Assim, a república constitucional, oriunda como fórmula ideológica vazia das mãos dos republicanos burgueses, tornou-se, nas mãos dos monarquistas coligados, forma viva plena de conteúdo. E as palavras de Thiers foram mais verdadeiras do que ele imaginava quando disse: "Nós, os monarquistas, somos os verdadeiros esteios da república constitucional"*.

A queda do ministério da coalizão e o surgimento do ministério dos comissários possuem um segundo significado. O seu ministro das finanças se chamava *Fould*. Fould como ministro das finanças representa a entrega oficial do tesouro nacional francês à bolsa, a administração do patrimônio estatal pela bolsa e no interesse da bolsa. Com a nomeação de Fould, a aristocracia financeira deu um indicativo da sua restauração no *Moniteur*. Essa restauração foi uma complementação necessária das demais restaurações, que representam igual número de elos na corrente da república constitucional.

Luís Filipe jamais ousara colocar um autêntico *loup-cervier* [lobo da bolsa] no cargo de ministro das finanças. Assim como o seu reinado era a designação ideal para o domínio da alta burguesia, os interesses privilegiados, nos seus ministérios, tinham de portar nomes ideologicamente desinteressantes. A república dos burgueses levou, em toda parte, para o primeiro plano aquilo que as diversas monarquias, tanto as legitimistas quanto as orleanistas, mantinham discretamente em segundo. Ela conferiu caráter terreno ao que estas haviam posto no céu. Ela substituiu os nomes santificados pelos nomes próprios burgueses dos interesses classistas dominantes.

---

* No capítulo IV, o trecho acima, iniciando com "diante dos anseios de restauração dos orleanistas..." até "...os verdadeiros esteios da república constitucional", é reproduzido como citação literal da *Neue Rheinische Zeitung*. Cf. p. 153-4. (N. T.)

Toda a nossa exposição mostrou que a república, desde o primeiro dia de sua constituição, não derrubou, mas reforçou a aristocracia financeira. Porém, as concessões feitas a ela constituíram um fado, ao qual alguém se submete sem querer provocar sua realização. Com Fould a iniciativa do governo retornou às mãos da aristocracia financeira.

É de se perguntar: como a burguesia coligada conseguiu suportar ou tolerar o domínio das finanças, que, sob Luís Filipe, fundava-se na exclusão ou subordinação das demais facções da burguesia?

A resposta é simples.

Em primeiro lugar, a própria aristocracia financeira forma uma parte decisivamente importante da coalizão monarquista, cujo poder governamental comum se chama república. Os porta-vozes e as capacidades dos orleanistas não são os antigos confederados e cúmplices da aristocracia financeira? Acaso ela própria não é a falange dourada do orleanismo? No que se refere aos legitimistas, já sob Luís Filipe eles haviam participado de todas as orgias especulativas da bolsa, das minas e das ferrovias. De modo geral, a ligação entre a grande propriedade fundiária e as altas finanças é um *fato bem normal*. Prova: a *Inglaterra*; prova: até mesmo a *Áustria*.

Em um país como a França, em que o tamanho da produção nacional está em uma relação desproporcionalmente inferior ao tamanho da dívida interna, em que a renda do Estado constitui o objeto mais importante da especulação e em que a bolsa representa o principal mercado de aplicação do capital, que busca valorizar-se de maneira não produtiva, em um país como esse, uma massa inumerável de pessoas de todas as classes burguesas e semiburguesas é forçada a ter parte na dívida pública, no jogo da bolsa, no mercado financeiro. Por acaso esses partícipes subalternos não têm os seus apoios e comandantes naturais naquela facção que representa esse interesse em seus contornos mais colossais, em seu todo maior?

O que condicionou a cessão do patrimônio do Estado às altas finanças? O endividamento sempre crescente do Estado. E o que condicionou o endividamento do Estado? O constante avultamento de suas despesas perante suas receitas, uma desproporção que é concomitantemente causa e efeito do sistema de empréstimos públicos.

Para safar-se desse endividamento, o Estado tem à sua escolha duas vias: ou deve restringir seus gastos, isto é, simplificar, reduzir o organismo governamental, governar o menos possível, empregar o menor número possível de pessoal, reduzir ao mínimo possível o relacionamento com a sociedade burguesa. Essa via era inviável para o Partido da Ordem, cujos meios de repressão, cuja intervenção oficial em função do Estado, cuja presença em todas as frentes por meio de órgãos estatais deveriam aumentar na mesma proporção em que aumentava a gama de ameaças ao seu domínio e às condições de vida de sua classe. Não é possível diminuir a gendarmaria na mesma proporção em que se multiplicam os ataques às pessoas e à propriedade.

Ou o Estado deve procurar contornar as dívidas e produzir um equilíbrio momentâneo mas transitório no orçamento, mais exatamente carregando *impostos extraordinários* sobre os ombros das classes mais ricas. Por acaso, para subtrair a riqueza nacional à exploração pela bolsa, o Partido da Ordem deveria sacrificar a sua própria riqueza sobre o altar da pátria? *Pas si bête!* [Tão besta ele não era!]

Portanto, sem convulsão total do Estado francês não haveria convulsão do orçamento público francês. Desse orçamento público necessariamente advém o endividamento público e desse endividamento público necessariamente advém o domínio do negócio com a dívida pública, dos credores do Estado, dos banqueiros, dos negociantes de dinheiro, dos lobos da bolsa. Apenas uma facção do Partido da Ordem participou diretamente da derrubada da aristocracia financeira: os *fabricantes*. Não estamos falando aqui dos médios nem dos pequenos industriais, e sim dos regentes dos interesses das fábricas, que sob Luís Filipe haviam composto a ampla base da oposição dinástica. Seu interesse reside indubitavelmente na redução dos custos da produção, ou seja, na redução dos impostos que incidem na produção, ou seja, na redução das dívidas públicas, cujos juros incidem nos impostos, ou seja, na derrubada da aristocracia financeira.

Na Inglaterra – e os maiores fabricantes franceses são pequeno-burgueses em comparação com seus rivais ingleses –, realmente vemos os fabricantes, do porte de um Cobden, de um Bright, encabeçando a cruzada contra o banco e a aristocracia da bolsa. Por que na França não? Na Inglaterra, predomina a indústria, na França, a agricultura. Na Inglaterra, a indústria precisa do *free trade* [livre-comércio], na França, ela precisa da tarifa protecionista, do monopólio nacional ao lado dos demais monopólios. A indústria francesa não domina a produção francesa; em consequência, os industriais franceses não dominam a burguesia francesa. Para impor os seus interesses contra as demais facções da burguesia, eles não podem, como os ingleses, encabeçar o movimento e, ao mesmo tempo, exacerbar os seus interesses de classe; eles precisam se situar na esteira da revolução e servir aos interesses que se contrapõem aos interesses gerais de sua classe. No mês de fevereiro, eles avaliaram mal a sua posição; o mês de fevereiro os deixou mais espertos. E quem está mais diretamente ameaçado pelos trabalhadores do que o empregador, o capitalista industrial? Em consequência, o fabricante se tornou, na França, necessariamente um dos mais fanáticos membros do Partido da Ordem. O que é a diminuição do seu *lucro* pelo capital financeiro *em comparação com a abolição do lucro pelo proletariado*?

Na França, o pequeno-burguês faz aquilo que, via de regra, o burguês industrial deveria fazer; o trabalhador faz aquilo que, via de regra, seria tarefa do pequeno-burguês; mas e quem cumpre a tarefa do trabalhador? Ninguém. Na França, ela não é cumprida; na França, ela é proclamada. Ela não é cumprida em lugar nenhum dentro das quatro paredes nacionais; a guerra de classes dentro da sociedade francesa se converte em uma guerra mundial, na qual se confrontam as nações. O cumprimento só começa no momento em que, mediante a guerra mundial, o proletariado for impelido a assumir a liderança do país que domina o mercado mundial, a assumir a liderança da Inglaterra. A revolução, que não tem aí o seu término, mas o seu começo em termos de organização, não será uma revolução de pouco fôlego. A atual geração é semelhante à dos judeus que

Karl Marx

Moisés conduz pelo deserto. Ela não só deverá conquistar um novo mundo, mas terá de perecer para dar lugar às pessoas que estarão à altura de um novo mundo.

Retornemos a Fould.

No dia 14 de novembro de 1849, Fould subiu à tribuna da Assembleia Nacional e explicou o seu sistema financeiro: apologia do velho sistema fiscal! Manutenção do imposto do vinho! Eliminação do imposto de renda de Passy!

Passy tampouco era um revolucionário; ele era um ex-ministro de Luís Filipe. Ele foi um dos puritanos da *force* [tropa] de Dufaure e um dos mais íntimos confidentes de Teste, o bode expiatório da monarquia de julho*. Passy igualmente elogiara o velho sistema fiscal, recomendara a manutenção do imposto do vinho, mas, ao mesmo tempo, removera o véu que cobria o déficit público. Ele proclamara a necessidade de um novo imposto, do imposto de renda, caso não se desejasse a bancarrota do Estado. Fould, que recomendara a Ledru-Rollin a bancarrota do Estado, aconselhou ao legislativo o déficit público. Ele prometeu economias, cujo mistério mais tarde foi revelado, no sentido de que, por exemplo, os gastos foram reduzidos em 60 milhões e a dívida flutuante cresceu em 200 milhões – artifícios no agrupamento dos números, na forma de apresentação das contas, todos desembocando, no final, em novos empréstimos.

É claro que, sob Fould, a aristocracia financeira, tendo ao seu lado as demais zelosas facções da burguesia, não se portou de modo tão despudoradamente corrupto quanto sob Luís Filipe. Porém, de resto, o sistema era o mesmo: constante crescimento das dívidas e escamoteação do déficit. E com o tempo apareceu tanto mais abertamente a velha prática trapaceira da bolsa. Prova: a lei referente à

---

* No dia 8 de julho de 1847, teve início, perante a Câmara dos Pares em Paris, o processo contra Parmentier e o General Cubières por suborno a funcionário público com o fim de conseguir a concessão de uma mina de sal e contra o ex-ministro dos serviços públicos, Teste, por ter aceitado o dinheiro do suborno. Este último tentou suicidar-se durante o processo. Todos foram condenados a pagar pesadas multas em dinheiro e Teste, além disso, passou dois anos na prisão. (Nota de F. Engels à edição de 1895.)

ferrovia de Avignon, as misteriosas oscilações dos papéis do Estado, que, por um momento, foram o assunto do dia em toda Paris, e, por fim, as especulações equivocadas de Fould e Bonaparte em relação às eleições do dia 10 de março.

Em vista da restauração oficial da aristocracia financeira, o povo francês logo retornaria ao ponto em que se encontrava no dia 24 de fevereiro.

A Constituinte, em um acesso de misantropia contra a sua sucessora, havia abolido o imposto do vinho para o ano do Senhor de 1850. A supressão de velhos impostos impediria o pagamento de novas dívidas. *Creton*, um cretino do Partido da Ordem, havia requerido a manutenção do imposto do vinho já antes do recesso da Assembleia Legislativa. Em nome do ministério bonapartista, Fould retomou essa moção e, no dia 20 de dezembro de 1849, no aniversário da proclamação de Bonaparte como presidente, a Assembleia Nacional decretou a *restauração do imposto do vinho*.

O pregoeiro dessa restauração não foi nenhum financista, mas o líder jesuíta *Montalembert*. Seu raciocínio dedutivo foi contundente em sua simplicidade: o imposto é o seio materno, no qual o governo se aleita. O governo representa os instrumentos da repressão, que são os órgãos da autoridade, que é o exército, que é a polícia, que são os funcionários, os juízes, os ministros, que são os *sacerdotes*. O ataque aos impostos é o ataque dos anarquistas aos escudeiros da ordem, que protegem a produção material e espiritual da sociedade burguesa das incursões dos vândalos proletários. Os impostos representam o quinto Deus, ao lado da propriedade, da família, da ordem e da religião. E o imposto do vinho é inquestionavelmente um imposto e, ademais, não é um imposto comum, mas um imposto tradicional, um imposto respeitável, de índole monárquica. *Vive l'impôt des boissons! Three cheers and one cheer more!* [Viva o imposto das bebidas! Três vezes saúde e mais uma vez saúde!]

Sempre que o agricultor francês pinta o diabo na parede, ele se vale da figura do agente do fisco. No instante em que Montalembert elevou o imposto à condição de deus, o agricultor se tornou sem-deus, ateu, e se lançou nos braços do diabo, ou seja, do *socialismo*. A religião da ordem o malbaratou, os jesuítas o malbarataram, Bonaparte o malbaratou. O dia 20 de dezembro de 1849 comprometeu irrevogavelmente o dia 20 de dezembro de 1848. O "sobrinho do seu tio" não foi o primeiro de sua família a ser golpeado pelo imposto do vinho, esse imposto que, segundo a expressão de Montalembert, é capaz de farejar a tempestade da revolução. O verdadeiro, o grande Napoleão declarou em Santa Helena que a reintrodução do imposto do vinho havia contribuído mais para a sua derrocada do que qualquer outra coisa, por ter afastado dele os agricultores do Sul da França. Esse imposto, que já sob Luís XIV havia sido o alvo favorito do ódio popular (ver os escritos de Boisguillebert e Vauban) e que fora abolido pela primeira revolução, foi reintroduzido por Napoleão em 1808 em versão modificada. Quando a restauração ingressou triunfalmente na França, troteavam à sua dianteira não só os cossacos, mas também as promessas de extinção do imposto do vinho. É claro que a *gentilhommerie* [nobreza] não precisava manter a palavra dada à *gent taillable à merci et miséricorde* [ao povo passível de taxação à sua mercê]. O ano de 1830 prometeu a extinção do imposto do vinho. Não era do seu feitio fazer o que dizia nem dizer o que fazia. O ano de 1848 prometeu a extinção do imposto do vinho assim como prometeu tudo o mais. A Constituinte, por fim, que nada prometera, deixou, como já foi mencionado, uma disposição testamentária, segundo a qual o imposto do vinho deveria desaparecer a partir de 1º de janeiro de 1850. E, exatamente dez dias antes de 1º de janeiro de 1850, o Legislativo volta a introduzi-lo, de modo que o povo francês ficava constantemente correndo atrás dele; mal o havia jogado porta afora já o via entrando novamente pela janela.

O ódio popular contra o imposto do vinho se explica pelo fato de ele reunir em si todos os elementos detestáveis do sistema fiscal francês. O modo de sua cobrança é detestável, o modo de sua repartição é aristocrático, pois a porcentagem do imposto é a mesma tanto para os vinhos mais comuns quanto para os mais valiosos. Ele aumenta, portanto, geometricamente na mesma proporção em que diminui o patrimônio dos consumidores, ou seja, é um imposto progressivo invertido. Em consequência, ele provoca diretamente o envenenamento das classes trabalhadoras como prêmio pelos vinhos falsificados ou imitados. Ele reduz o consumo ao edificar *octrois* [alfândegas] nos portões de cada cidade com mais de 4 mil habitantes e transformar assim cada cidade em território estrangeiro com taxas protecionistas contra o vinho francês. Os grandes comerciantes de vinho e mais ainda os pequenos, os *marchands de vins*, os taverneiros, cuja renda depende diretamente do consumo do vinho, constituem igual número de adversários declarados do imposto do vinho. E, por fim, ao reduzir o consumo, o imposto do vinho estrangula o mercado de escoamento da produção. Tornando o trabalhador urbano incapaz de pagar pelo vinho, ele torna o vinhateiro incapaz de vendê-lo. E a França conta com uma população vinhateira de cerca de 12 milhões de pessoas. Diante disso, o ódio do povo em geral e principalmente o fanatismo dos agricultores contra o imposto do vinho é bem compreensível. E ademais eles não viam em sua restauração um evento isolado, mais ou menos casual. Os agricultores possuem uma tradição histórica de cunho próprio, que é legada de pai para filho; e, nessa escola histórica, murmurava-se que todo governo, quando quer enganar os agricultores, promete a extinção do imposto do vinho e, assim que consegue enganá-los, o mantém ou reintroduz. Na questão do imposto do vinho, o agricultor prova o *bouquet* do governo, a sua tendência. A restauração do imposto do vinho no dia 20 de dezembro significou: *Luís Bonaparte é igual aos outros*; porém, ele não era igual aos outros; ele era uma *invenção dos agricultores*, e, ao assinarem milhões de petições contra o imposto do vinho, eles retiraram os votos que, um ano antes, haviam dado ao "sobrinho do seu tio".

A população do campo, contando mais de dois terços de toda a população francesa, é composta, em sua maioria, pelos assim chamados livres *proprietários de terras*. A primeira geração, libertada de graça do ônus feudal pela Revolução de 1789, não havia pago nenhum preço pela terra. Porém, as gerações seguintes pagaram, na forma do *preço da terra*, o que os seus antepassados em semisservidão haviam pagado na forma de renda, de dízimos, de corveia etc. Quanto mais crescia a população, por um lado, e quanto mais aumentava a divisão da terra, por outro, tanto mais caro se tornava o preço da parcela, pois com a sua diminuição crescia o volume da demanda por ela. Porém, na mesma proporção em que aumentava o preço que o agricultor pagava pela parcela, seja pela compra direta, seja assumindo-a dos seus co-herdeiros como capital, aumentava também necessariamente o *endividamento do agricultor*, isto é, a *hipoteca*. Pois o título de dívida lavrado sobre a propriedade da terra se chama *hipoteca*, nota de penhora da propriedade fundiária. Assim como sobre as propriedades fundiárias medievais se acumulavam os *privilégios*, sobre as parcelas modernas se acumulam as *hipotecas*. Em contrapartida: no regime do parcelamento, a terra é, para os seus proprietários, puramente um *instrumento de produção*. Ora, na mesma proporção em que a terra é dividida, diminui a sua produtividade. A aplicação da maquinaria à terra, a divisão do trabalho, os grandes recursos de enobrecimento do solo, como a construção de canais de escoamento e irrigação e similares, tornam-se cada vez mais inviáveis, ao passo que os *falsos custos* do cultivo do solo crescem na mesma proporção da divisão do próprio instrumento de produção. Tudo isso se dá independentemente do fato de o proprietário da parcela dispor de capital ou não. Porém, quanto mais aumenta a divisão, tanto mais a parcela de terra com seu inventário para lá de miserável representa todo o capital do agricultor parceleiro, tanto mais deixa de ser realizado o investimento de capital na terra, tanto mais faltam ao campônio a terra, o dinheiro e a formação para aplicar os progressos da agronomia, tanto mais entra em retrocesso o cultivo do solo. Por fim, a *renda líquida* se reduz na mesma proporção em que aumenta o *consumo bruto*, em que toda a família do agricultor é impedida pela posse da terra de exercer outras atividades e, não obstante, não se capacita a viver dela.

Portanto, na mesma proporção em que a população cresce e, junto com ela, aumenta a divisão da terra, *encarece o instrumento de produção*, a terra, e diminui a *sua produtividade,* na mesma proporção *decai a agricultura e endivida-se o agricultor*. E o que era efeito se transforma, por sua vez, em causa. Cada geração deixa uma dívida maior para a próxima, cada nova geração começa sob condições mais desfavoráveis e mais dificultadoras, a hipotecação gera mais hipotecação, e quando o agricultor fica impossibilitado de oferecer a sua parcela como garantia para *novas dívidas*, isto é, onerá-la com novas hipotecas, ele cai diretamente nas mãos da *usura*, e tanto mais crescem os *juros da usura*.

Assim se chegou ao ponto em que o agricultor francês entrega, sob a forma de *juros* sobre *as hipotecas* que oneram a parcela de terra, sob a forma de juros sobre *adiantamentos não hipotecados da usura*, não só a renda fundiária, não só o lucro industrial, em suma, não só *todo o ganho líquido* ao capitalista, mas até mesmo *uma parte do salário do trabalho*; ou seja, ele decaiu ao nível do *arrendatário irlandês* – e tudo isso sob o pretexto de ser *proprietário privado*.

Na França, esse processo foi acelerado pela *carga tributária* sempre crescente e pelas *custas judiciais*, ocasionadas em parte diretamente pelas formalidades com que a legislação francesa cerca a propriedade fundiária, em parte pelos inúmeros conflitos entre as parcelas que, em todos os lugares, se confrontam e entrecruzam, em parte pela gana litigante dos agricultores, que restringem a fruição de sua propriedade à validação fanática da propriedade imaginária, à afirmação do *direito à propriedade*.

Segundo um levantamento estatístico de 1840, o produto bruto da propriedade fundiária francesa equivalia a 5.237.178.000 francos. Descontando desse valor 3.552.000.000 francos para custos de cultivo, incluído aí o consumo das pessoas que trabalham, sobra um produto líquido de 1.685.178.000 francos, dos quais devem ser descontados 550 milhões para juros de hipoteca, 100 milhões para funcionários da justiça, 350 milhões para impostos e 107 milhões para taxas de registro, custos de carimbo, taxas de hipotecação etc. Resta um terço do produto líquido, 538 milhões*, que, dividido pelo número de habitantes, não chega a 25 francos de produto líquido *per capita*. Nesse

---

* Na verdade, 578.178.000 francos, mas, ainda assim, o produto líquido *per capita* fica abaixo de 25 francos. (N. T.)

cálculo, naturalmente não constam a usura extra-hipotecária nem os gastos com advogados etc.

Compreende-se a situação em que se encontravam os agricultores franceses quando a república ainda acrescentou novas cargas às antigas. Constata-se que sua exploração se distingue da exploração do proletariado industrial apenas pela *forma*. O explorador é o mesmo: *o capital*. Os capitalistas individuais exploram os agricultores individuais por meio da *hipoteca* e da *usura*; a classe capitalista explora a classe camponesa por meio do *imposto estatal*. O título de propriedade dos agricultores é o talismã com que o capital o hipnotizara até aquele momento, o pretexto com que o atiçara contra o proletariado industrial. Somente a queda do capital pode fazer com que o agricultor ascenda, somente um governo anticapitalista, um governo proletário pode quebrar sua miséria econômica, sua degradação social. A *república constitucional* é a ditadura de seus exploradores unificados; a república *social-democrática*, a república *vermelha*, é a ditadura de seus aliados. E a balança sobe ou desce de acordo com os votos que o agricultor deposita na urna eleitoral. Ele próprio deve decidir o seu destino. Foi o que falaram os socialistas em panfletos, em almanaques, em calendários, em folhetos de todo tipo. Essa linguagem se tornou mais compreensível ainda para ele em vista da contrapropaganda do Partido da Ordem, que, por sua vez, dirigiu-se a ele e, mediante o exagero grosseiro, a concepção e exposição brutal das intenções e das ideias dos socialistas, acertou em cheio o autêntico tom do agricultor e atiçou sobremaneira o seu desejo de comer o fruto proibido. Porém a fala mais compreensível foi a das próprias experiências que a classe camponesa fizera com o uso do direito de votar e as decepções que, na pressa revolucionária, golpearam-na sucessivamente. *As revoluções são a locomotiva da história.*

A convulsão gradativa dos agricultores manifestou-se por meio de diversos sintomas. Ela já se mostrara nas eleições para a Assembleia Legislativa; ela se mostrou no estado de sítio dos cinco *départements* adjacentes a Lyon; ela se mostrou alguns meses após o 13 de junho, na eleição de um *montagnard* para o lugar do ex-presidente da *Chambre* *introuvable* [Câmara inencontrável]* pelo *Département* da Gironde; ela se mostrou no dia 20 de dezembro de 1849, na eleição de um vermelho para o lugar de um deputado legitimista falecido** pelo *Département du Gard*, essa terra prometida dos legitimistas, cenário das mais terríveis barbaridades contra os republicanos em 1794 e 1795, sede central do *terreur blanche* [terror branco] de 1815, onde liberais e protestantes foram assassinados publicamente. O momento mais evidente do revolucionamento da mais estacionária das classes se deu após a reintrodução do imposto do vinho. As medidas governamentais e as leis aprovadas durante os meses de janeiro e fevereiro de 1850 são dirigidas quase exclusivamente contra os *départements* e os *agricultores*. Prova cabal de seu progresso.

Circular de Hautpoul, nomeando o gendarme como inquisidor do prefeito, do subprefeito e sobretudo do *maire* [administrador local, subordinado ao prefeito], que organizou a espionagem até o último esconderijo da mais remota aldeia; *lei contra os mestres-escolas*, que submeteu as capacidades, os porta-vozes, os educadores e intérpretes da classe camponesa, ao arbítrio dos prefeitos, pelo que eles, os proletários da classe erudita, foram escorraçados de uma comunidade para outra como caça assustada; *projeto de lei contra os maires*, pelo qual foi pendurada a espada de Dâmocles da exoneração sobre suas cabeças e eles, os presidentes das comunidades dos agricultores, foram confrontados a todo momento com o presidente da república e o Partido da Ordem; *ordenança*, que transformou as dezessete divisões militares da França em quatro paxalatos[52] e outorgou a caserna e o

---

* Assim se chama, na história, a Câmara dos Deputados reacionária e fanaticamente ultramonarquista eleita imediatamente após a segunda queda de Napoleão em 1815. (Nota de F. Engels à edição de 1895.)

** Lagarde, um apoiador do Partido da Montanha, foi eleito para a Assembleia Legislativa na eleição complementar organizada pelo *Département da Gironde* em 14 de outubro de 1849 para substituir o deputado direitista falecido Ravez. (N. E. I.)

[52] Alusão ao decreto, aprovado no dia 12 de fevereiro de 1850, que juntava oito das mais importantes divisões militares da França sob o comando de três generais reacionários. Paris e os departamentos adjacentes foram cercados por esses novos distritos militares. A imprensa republicana denominou-os paxalatos ou proconsulados, referindo-se ao poder irrestrito desses comandantes reacionários.

bivaque aos franceses como sala de espera nacional; *lei do ensino*, pela qual o Partido da Ordem proclamou a falta de consciência e a imbecilização violenta da França como condição de vida sob o regime do sufrágio universal – o que eram todas essas leis e medidas? Tentativas desesperadas de reconquistar os departamentos e os agricultores dos departamentos para o Partido da Ordem.

Do ponto de vista da *repressão*, esses foram meios deploráveis, que torceram o pescoço de suas próprias finalidades. As grandes medidas, como a manutenção do imposto do vinho, o imposto dos 45 cêntimos, a rejeição desdenhosa da petição dos agricultores pelo ressarcimento do bilhão etc., todas essas trovoadas legislativas atingiram a classe camponesa uma única vez, de modo abrangente, a partir da sede central; as leis e medidas listadas acima *generalizaram* o ataque e a resistência, transformando-os em assunto do dia em cada barraco; inoculando a revolução em cada povoado, elas *conferiram um caráter local e camponês à revolução*.

Por outro lado, essas propostas de Bonaparte e sua aceitação pela Assembleia Nacional não eram a prova cabal da unidade dos dois poderes da república constitucional, na medida em que se tratava de reprimir a anarquia, isto é, todas as classes que se revoltaram contra a ditadura dos burgueses? *Soulouque*[53] não tratou de asseverar ao legislativo, logo após sua ríspida mensagem a este dirigida, o seu *dévouement* [devotamento] à ordem por meio da missiva imediatamente subsequente de *Carlier*[54], essa caricatura borrada e vulgar de Fouché*, assim como o próprio Luís Bonaparte era a caricatura aplastada de Napoleão?

---

[53] Cf. nota 24, p. 83.

[54] Alusão a uma mensagem de Luís Bonaparte à Assembleia Legislativa no dia 31 de outubro de 1849, na qual ele comunicou a demissão do ministério de Odilon Barrot e a composição de um novo ministério. [A mensagem foi publicada no *Le Moniteur Universel*, n. 315, de 11 de novembro de 1849.] Pierre Carlier, que mais uma vez fora nomeado chefe de polícia, conclamou, em sua mensagem de 10 de novembro de 1849, a fundação de uma "liga social contra o socialismo", com a finalidade de proteger "religião, trabalho, família, propriedade e lealdade ao governo".

* Joseph Fouché, duque de Otrante (1759-1820), político francês, foi jacobino durante a Revolução Francesa e ministro da polícia sob Napoleão I. (N. T.)

A *lei do ensino* nos revela a aliança dos jovens católicos com os velhos voltairianos. O domínio dos burgueses unificados poderia ser algo diferente do despotismo da restauração pró-jesuítica coligado com a monarquia de julho que se dava ares de livre-pensadora? As armas que uma facção da burguesia havia distribuído entre o povo contra a outra em sua contenda recíproca pela supremacia não deveriam ser novamente arrancadas das mãos do povo assim que ele tornasse a ser confrontado com sua ditadura unificada? Nada, nem mesmo a rejeição das *concordats à l'amiable*, indignou tanto o *boutiquier* parisiense quanto essa ostentação coquete do *jesuitismo*.

Entrementes prosseguiam os choques entre as diferentes facções do Partido da Ordem, bem como entre a Assembleia Nacional e Bonaparte. A Assembleia Nacional não gostou nem um pouco de Bonaparte ter convocado, logo após o seu *coup d'état*, após ter providenciado um ministério bonapartista próprio, os inválidos da monarquia, recém-nomeados prefeitos, e ter declarado a agitação anticonstitucional deles em favor da sua reeleição para presidente como condição para a permanência deles no cargo, de Carlier ter celebrado a sua estreia com o fechamento de um clube legitimista, de Bonaparte ter fundado um jornal próprio chamado *Le Napoléon*, que revelava ao público os desejos secretos do presidente, enquanto seus ministros eram obrigados a negá-los no palco do legislativo; pouco lhe agradou a teimosa manutenção do ministério, a despeito dos diversos votos de desconfiança; pouco lhe agradou a tentativa de ganhar o favor dos suboficiais mediante um abono diário de quatro *sous* e o favor do proletariado mediante um plágio dos *Mystères*, de Eugène Sue, mediante um banco de empréstimos de honra; por fim, pouco lhe agradou a insolência com que requereu por meio dos ministros a deportação para Argel dos insurgentes remanescentes de junho visando rolar para cima do legislativo a impopularidade *en gros* [a granel], enquanto o presidente reservava para si a popularidade *en detail* [por unidade] mediante atos de clemência isolados. *Thiers* deixou escapar palavras ameaçadoras sobre "coups d'état" [golpes de Estado] e "coups de tête" [cabeçadas, atos impensados] e o legislativo se vingou de Bonaparte, rejeitando todo projeto de lei proposto por ele em benefício próprio e analisando com ruidosa desconfiança qualquer projeto proposto por ele no interesse comum, verificando se o aumento do poder executivo não almejava beneficiar o poder pessoal de Bonaparte. Em suma, o legislativo *vingou-se por meio da conspiração do desprezo.*

O partido legitimista, por sua vez, constatava consternado como os orleanistas mais capacitados se apoderavam de quase todos os postos e faziam a *centralização* avançar, ao passo que ele buscava sua salvação fundamentalmente na *descentralização*. E de fato. A contrarrevolução *centralizava violentamente,* isto é, ela preparava o mecanismo da revolução. Mediante a cotação compulsória das cédulas bancárias, ela *centralizou* até mesmo o ouro e a prata da França no Banco de Paris, compondo assim *o fundo de guerra já pronto* para a revolução.

Os orleanistas, por fim, viam com consternação o princípio emergente da legitimidade ser contraposto ao seu princípio da bastardia e eles próprios serem preteridos e destratados a todo momento pelo cônjuge de nobre estirpe como o parceiro burguês de condição inferior.

Pouco a pouco víamos agricultores, pequeno-burgueses e todos os demais estratos médios postarem-se ao lado do proletariado, impelidos ao antagonismo aberto contra a república oficial, tratados por ela como adversários. *Sublevação contra a ditadura dos burgueses, necessidade de mudança da sociedade, preservação das instituições democrático-republicanas como seus órgãos de locomoção, agrupamento em torno do proletariado como o poder revolucionário decisivo* – estes são os traços do caráter comunitário do *assim chamado partido da social-democracia, do partido da república vermelha.* Esse *partido da anarquia,* como foi batizado pelos adversários, é uma coalizão de interesses tão variados quanto é *o Partido da Ordem.* Da reforma mínima da velha desordem social até a convulsão da velha ordem social, do liberalismo burguês até o terrorismo revolucionário alcançam os extremos que abrangem o ponto de partida e o ponto de chegada do partido da "anarquia".

Abolição das tarifas protecionistas = socialismo! Porque ela atinge o monopólio da facção *industrial* do Partido da Ordem. Regulamentação do orçamento público = socialismo! Porque ela atinge o monopólio da facção *financeira* do Partido da Ordem. Livre importação de carne e cereal estrangeiros = socialismo! Porque ela atinge o monopólio da terceira facção do Partido da Ordem, ou seja, da *grande propriedade fundiária*. As exigências do partido do *free trade*, isto é, do mais avançado dos partidos burgueses da Inglaterra, são encaradas na França como exigências socialistas em igual número. Voltairianismo = socialismo! Porque ele atinge a quarta facção do Partido da Ordem, a *católica*. Liberdade de imprensa, direito de associação, ensino público universal = socialismo, socialismo! Eles atingem o monopólio geral do Partido da Ordem.

O ritmo da revolução fez com que as condições amadurecessem tão rápido que os partidários da reforma de todos os matizes e as pretensões mais modestas da classe média fossem obrigados a agrupar-se em torno da bandeira do mais radical dos partidos revolucionários, em torno *da bandeira vermelha*.

Entretanto, por mais multifacetado que tenha sido o *socialismo* dos diversos grandes membros do partido da anarquia, dependendo das condições econômicas de sua classe ou fração de classe e das necessidades revolucionárias totais daí decorrentes, há *um* ponto de coincidência: proclamar a si mesmo como *meio da emancipação do proletariado* e a emancipação deste como sua *finalidade*. Ilusão proposital de uns, autoilusão de outros, quando apregoam o mundo transformado de acordo com suas necessidades como o melhor dos mundos para todos, como a realização de todas as reivindicações revolucionárias e a supressão de todos os choques revolucionários.

Por trás da fraseologia socialista *genérica* de teor bastante homogêneo do *"partido da anarquia"*, oculta-se *o socialismo do National, do Presse e do Siècle*, que visa, de modo mais ou menos consequente, derrubar o domínio da aristocracia financeira e libertar a indústria e o comércio de suas atuais amarras. Trata-se, nesse caso, do socialismo da indústria, do comércio e da agricultura, cujos regentes negam esses mesmos interesses no Partido da Ordem, na medida em que não coincidem mais com os seus monopólios privados. Esse *socialismo burguês*, que, como toda mutação do socialismo, naturalmente congrega uma parte dos trabalhadores e pequeno-burgueses, distingue-se do socialismo propriamente dito, do *socialismo pequeno-burguês*, do socialismo *par excellence* [por excelência]. O capital acossa essa classe principalmente como *credor*; ela exige *instituições de crédito*; ele a destrói por meio da *concorrência*; ela exige *associações* apoiadas pelo Estado; ele a subjuga por meio da *concentração*; ela exige *impostos progressivos*, limitação das heranças, que o Estado assuma as grandes obras e outras medidas que *detenham à força o crescimento do capital*. Por sonhar com a implementação pacífica do seu socialismo – abstraindo talvez de uma segunda Revolução de Fevereiro de poucos dias –, o socialismo burguês imagina o processo histórico vindouro em termos de *aplicação de sistemas* que os pensadores da sociedade inventam ou inventaram, seja em grupo, seja como inventores individuais. Assim eles vêm a ser os ecléticos ou adeptos dos *sistemas* socialistas existentes, do *socialismo doutrinário*, que constituiu a expressão teórica do proletariado só enquanto o desenvolvimento deste ainda não avançara ao ponto da livre automotricidade histórica.

Assim, ao passo que a *utopia*, o *socialismo doutrinário*, subordina a totalidade do movimento a um de seus momentos, substitui a produção comunitária, social, pela atividade cerebral do pedante individual e, sobretudo, suprime a luta de classes revolucionária com suas exigências, fantasiando pequenas proezas ou grandes sentimentalismos; ao passo que esse socialismo doutrinário, no fundo, apenas idealiza a atual sociedade, assumindo dela uma imagem desprovida de sombras e querendo impor o seu ideal à realidade dessa sociedade; ao passo que esse socialismo é cedido pelo proletariado à pequena burguesia; ao passo que a luta dos diversos líderes socialistas entre si evidencia cada um dos assim chamados sistemas como adesão pretensiosa a um dos pontos de transição para a convulsão social contra o outro – o *proletariado* passa a agrupar-se cada vez mais em torno do *socialismo revolucionário*, em torno do *comunismo*, para o qual a própria burguesia inventou o nome de *Blanqui*. Esse socialismo é a *declaração de permanência da revolução*, a *ditadura classista* do proletariado como ponto de transição necessário para *abolição de todas as diferenças de classe*, para a abolição da totalidade das relações de produção em que estão baseadas, para a abolição da totalidade das relações sociais que correspondem a essas relações de produção, para a convulsão da totalidade das ideias, que se originam dessas relações sociais.

O espaço disponível para esta exposição não me permite detalhar esse assunto.

Constatamos o seguinte: assim como no Partido da Ordem a *aristocracia financeira* necessariamente assumiu a liderança, no partido da *"anarquia"* isso se deu com o *proletariado*. Enquanto as diversas classes aliadas em uma liga revolucionária se agrupavam em torno do proletariado, enquanto os departamentos se tornavam cada vez mais inseguros e a própria Assembleia Legislativa ficava cada vez mais resmungona contra as pretensões do Soulouque francês, aproximava-se a data por longo tempo adiada e procrastinada da eleição complementar para substituir os *montagnards* proscritos do dia 13 de junho.

O governo, desprezado por seus inimigos, destratado e diariamente humilhado pelos seus supostos amigos, vislumbrou um *único* meio de safar-se dessa situação repugnante e insustentável – a *revolta*. Uma revolta em Paris teria permitido decretar o estado de sítio sobre a cidade e sobre os departamentos e, desse modo, comandar as eleições. Em contrapartida, diante de um governo que havia conquistado a vitória sobre a anarquia, os amigos da ordem eram obrigados a fazer concessões, caso não quisessem, eles próprios, ser vistos como anarquistas.

O governo pôs mãos à obra. No início de fevereiro de 1850, [começou com a] provocação ao povo mediante o corte das árvores da liberdade. Em vão. Quando as árvores da liberdade perderam o seu lugar, o próprio governo perdeu a cabeça e recuou assustado com sua própria provocação. Porém, a Assembleia Nacional acolheu com gélida suspeição essa tentativa atabalhoada de emancipação de Bonaparte. O êxito da remoção das grinaldas dos imortais da coluna de julho[55] não foi maior. Ela ensejou que uma parte do exército

---

[55] No dia 24 de fevereiro de 1850, aniversário da revolução de 1848, os parisienses enfeitaram com flores e grinaldas a coluna de julho, que havia sido erguida em 1840

fizesse demonstrações revolucionárias e que a Assembleia Nacional apresentasse um voto de desconfiança mais ou menos dissimulado contra o ministério. Foi vã a ameaça da imprensa governamental com a revogação do sufrágio universal e com a invasão dos cossacos. Foi vã a conclamação direta, proferida por Hautpoul em plena Assembleia Legislativa, para que a esquerda saísse às ruas, assim como foi vã a sua declaração de que o governo estaria disposto a acolhê-la. Hautpoul não levou nada além de uma reprimenda do presidente, e o Partido da Ordem deixou, com tácita e malévola satisfação, que um deputado de esquerda zombasse dos anseios usurpatórios de Bonaparte. Foram vãs, por fim, as predições de que ocorreria uma revolução no dia 24 de fevereiro. O governo fez com que o dia 24 de fevereiro fosse ignorado pelo povo.

O proletariado não se deixou levar a nenhuma *revolta* pelas provocações, porque ele próprio se encontrava na iminência de fazer uma *revolução*.

Não se sentindo embaraçado pelas provocações do governo, que apenas aumentaram a exasperação geral com a situação vigente, o comitê eleitoral, totalmente sob a influência dos trabalhadores, apresentou três candidatos para Paris: *Deflotte, Vidal* e *Carnot*. Deflotte, um deportado de junho, anistiado por um daqueles arroubos de popularidade de Bonaparte, era amigo de Blanqui e havia tomado parte no atentado de 15 de maio[56]. Vidal, conhecido como escritor comunista pelo seu livro *Sobre a distribuição da riqueza*, fora secretário de Louis Blanc na comissão do Luxemburgo; Carnot, filho do homem da convenção que havia organizado a vitória, o membro menos comprometido do partido do *National*, fora ministro do ensino no governo provisório e, na Comissão Executiva, com o seu projeto de lei democrático referente ao ensino popular, interpôs veemente protesto contra a lei de ensino dos jesuítas. Esses três candidatos representavam as três classes aliadas:

---

em homenagem à revolução de julho de 1830. Esses ornamentos foram removidos pela polícia na noite seguinte.

[56] Amigo íntimo de Louis-Auguste Blanqui foi o insurgente de junho Benjamin Flotte, e não o deportado de junho Paul Deflotte.

no topo, o insurgente de junho, o representante do proletariado revolucionário, tendo ao seu lado o socialista doutrinário, representante da pequena burguesia socialista, sendo o terceiro, por fim, representante do partido republicano dos burgueses, cujas fórmulas democráticas haviam adquirido um sentido socialista perante o Partido da Ordem e há muito já haviam perdido o seu sentido próprio. Tratou-se de uma *coalizão geral contra a burguesia e o governo, como no mês de fevereiro*. Só que dessa feita o *proletariado encabeçou a liga revolucionária*.

A despeito de todos os esforços em contrário, os candidatos socialistas foram vitoriosos. O próprio exército votou no insurgente de junho contra o seu próprio ministro da guerra, La Hitte. O Partido da Ordem foi como que fulminado pelo raio. As eleições nos departamentos não lhe serviram de consolo, pois resultaram em maioria para os *montagnards*.

A eleição de 10 de março de 1850! Ela foi a revogação do mês de junho de 1848: os *massacreurs* [massacradores] e *déporteurs* [deportadores] dos insurgentes de junho retornaram à Assembleia Nacional, só que de cabeça baixa, na esteira dos deportados, tendo seus princípios na ponta da língua. *Ela foi a revogação do dia 13 de junho de 1849:* a Montanha, proscrita pela Assembleia Nacional, retornou a ela, agora como trombeta avançada da revolução e não mais como sua comandante. *Ela foi a revogação do dia 10 de dezembro:* Napoleão e seu ministro La Hitte não foram aprovados. A história parlamentarista da França só registra um caso análogo: a rejeição de Haussez, ministro de Carlos X, em 1830. A eleição do dia 10 de março de 1850, por fim, representou a cassação da eleição do dia 13 de maio, que havia proporcionado a maioria ao Partido da Ordem. A eleição do dia 10 de março foi um protesto contra a maioria do dia 13 de maio. O dia 10 de março foi uma revolução. Por trás das cédulas de votação está o pavimento das ruas.

"A votação do dia 10 de março é a guerra", bradou Ségur d'Aguesseau, um dos membros mais progressistas do Partido da Ordem.

O dia 10 de março de 1850 constitui o início de uma nova fase da república constitucional, *a fase de sua dissolução*. As diversas facções da maioria estão novamente unidas entre si e com Bonaparte; elas são, uma vez mais, as redentoras da ordem; e ele, novamente, seu *homem neutro*. Àquelas só ocorre ser monarquistas por não terem mais esperança de viabilizar a república dos burgueses; a este só ocorre ser pretendente por não ter mais esperança de continuar como presidente.

A resposta de Bonaparte à eleição de *Deflotte*, o insurgente de junho, é a nomeação, a mando do Partido da Ordem, de *Baroche* para ministro do interior, o mesmo Baroche que fora acusador de Blanqui e Barbé, de Ledru-Rollin e Guinard. A resposta do legislativo à eleição de *Carnot* foi a aprovação da lei de ensino, e à eleição de *Vidal* foi a repressão da imprensa socialista. Pelo toque de trombeta da sua imprensa o Partido da Ordem procura espantar o seu próprio temor. "A espada é sagrada", exclama um de seus órgãos; "os defensores da ordem devem partir para a ofensiva contra o partido vermelho", grita o outro; "entre o socialismo e a sociedade existe um duelo mortal, uma guerra incansável e impiedosa; nesse duelo desesperado um ou outro devem perecer; se a sociedade não destruir o socialismo, o socialismo destruirá a sociedade", canta um terceiro galo da ordem. Montem as barricadas da ordem, as barricadas da religião, as barricadas da família! É preciso acabar com esses 127 mil eleitores de Paris! Noite de São Bartolomeu para os socialistas! E, por um instante, o Partido da Ordem acreditou na sua própria certeza de vitória.

O ataque mais fanático é desferido pelos seus órgãos contra os *"boutiquiers de Paris"*. O insurgente de junho de Paris eleito como representante pelos *boutiquiers* de Paris! Isso significa que um segundo mês de junho de 1848 será impossível; isso significa que um segundo 13 de junho de 1849 será impossível; isso significa que a influência moral do capital foi quebrada, isto é, a assembleia dos burgueses passa a representar unicamente a burguesia, isto é, a grande propriedade está perdida, porque o seu vassalo, a pequena propriedade, buscou refúgio no arraial dos sem-propriedade.

O Partido da Ordem naturalmente retorna ao seu inevitável *lugar-comum*. "Mais repressão!", brada ele; "Dez vezes mais repressão!", mas a sua força repressora ficou dez vezes menor, ao passo que a resistência centuplicou. Não seria preciso reprimir também o próprio instrumento maior da repressão, o exército? E o Partido da Ordem fala sua última palavra:

> A algema de ferro da legalidade sufocante precisa ser rompida. A *república constitucional é impossível*. Temos de lutar com nossas autênticas armas; desde fevereiro de 1848 temos combatido a revolução com as *suas* armas e no *seu* terreno; nós aceitamos as *suas* instituições, a Constituição é uma fortaleza que só protege os que estão sitiando, mas não os sitiados! Quando nos infiltramos, na barriga do cavalo troiano, para dentro da Ílion [Troia] sagrada, diferentemente dos *grecs**, nossos ancestrais, não conquistamos a cidade inimiga, mas fizemos de nós mesmos prisioneiros.

Contudo, a base da Constituição é o *sufrágio universal*. *A eliminação do sufrágio universal* é a última palavra do Partido da Ordem, da ditadura burguesa.

O sufrágio universal lhes deu razão no dia 4 de maio de 1848, no dia 20 de dezembro de 1848, no dia 13 de maio de 1849 e no dia 8 de julho de 1849. O sufrágio universal tirou a razão de si mesmo no dia 10 de março de 1850. O domínio burguês como efluente e resultado do sufrágio universal, como ato declarado da vontade soberana do povo: esse é o sentido da Constituição burguesa. Porém, a partir do momento em que o teor desse sufrágio, dessa vontade soberana, não é mais a dominação dos burgueses, que sentido ainda teria a Constituição? Não seria dever da burguesia regulamentar esse sufrágio de tal maneira que ele queira o que é razoável, isto é, a sua dominação? Ao revogar constantemente o poder estatal vigente e voltar a constituí-lo de maneira nova a partir de si mesmo, o sufrágio universal não estaria revogando toda e qualquer estabilidade? Ele não estaria questionando a todo instante todos os poderes vigentes? Ele não estaria destruindo a autoridade? Ele não estaria arriscando alçar a própria anarquia à condição de autoridade? Depois do 10 de março de 1850, quem ainda duvidaria disso?

---

* Jogo de palavras: "grego", mas também "trapaceiro profissional". (Nota de F. Engels à edição de 1895.)

Ao rejeitar o sufrágio universal, com que se havia drapeado até ali e do qual extraíra a sua onipotência, a burguesia admitiu francamente isto: *"Nossa ditadura subsistiu até agora pela vontade popular; de agora em diante, ela precisa ser consolidada contra a vontade popular"*. E consequentemente ela busca apoio não mais na *França*, mas fora dela, no exterior, na *invasão*.

Com a invasão, esta segunda Koblenz[57], que montou a sua sede na França mesmo, desperta todas as paixões nacionais contra si. Com seu ataque ao sufrágio universal ela dá à nova revolução um *pretexto geral*, e a revolução necessita um pretexto dessa natureza. Todo pretexto *específico* levaria as facções da liga revolucionária a se separar e evidenciaria suas diferenças. O pretexto *geral* atordoa as classes semirrevolucionárias; ele lhes permite iludir a si mesmas quanto ao *caráter definido* da revolução vindoura, quanto às consequências de seu próprio ato. Toda revolução necessita de um assunto para ser discutido durante o banquete. O direito universal de votar é o assunto dos banquetes da nova revolução.

As facções coligadas da burguesia, no entanto, já se haviam condenado quando recuaram diante da única forma possível de seu poder *unificado*, da forma mais poderosa e mais plena do seu *domínio de classe*, a da *república constitucional*, e buscaram refúgio na forma subordinada, incompleta e bem mais débil da *monarquia*. Elas se pareciam com aquele homem velho que, para recuperar o seu viço juvenil, tirou do baú seus trajes infantis e sofreu tentando vesti-los em seus membros entrevados. Sua república teve um *único* mérito: o de *ser o viveiro da revolução*.

O dia 10 de março de 1850 traz a seguinte inscrição: *Après moi le déluge*! Depois de minha partida, que venha o dilúvio!

---

[57] Durante a Revolução Francesa, a cidade alemã de Koblenz foi o centro da emigração contrarrevolucionária.

IV
A REVOGAÇÃO DO
SUFRÁGIO UNIVERSAL EM 1850*

Os mesmos sintomas aparecem na *França* desde 1849 e especialmente a partir do início de 1850. As indústrias parisienses estavam com capacidade plena e também as fábricas de algodão de Rouen e Mülhausen funcionavam bastante bem, embora nessas últimas os preços elevados da matéria-prima tivessem, como na Inglaterra, um efeito inibidor. Ademais, o desenvolvimento da prosperidade na França foi fomentado especialmente pela reforma alfandegária abrangente na Espanha e pela redução das tarifas alfandegárias para diversos artigos de luxo no México; a exportação de mercadorias francesas para esses dois mercados cresceu consideravelmente. O aumento de capitais levou, na França, a uma série de especulações, que usaram como pretexto a exploração em grande escala de minas de ouro na Califórnia**. Surgiu uma grande quantidade de sociedades, cujas ações de baixa cotação e seus prospectos de matiz socialista apelaram diretamente ao bolso dos pequeno-burgueses e dos

---

* Parágrafo introdutório ao capítulo IV, escrito por F. Engels para a edição de 1895: "A continuação dos três capítulos precedentes encontra-se na *Revue* do último caderno duplo publicado, ou seja, o quinto e o sexto cadernos da *Neue Rheinische Zeitung*. Depois de ter sido descrita primeiramente a grande crise comercial que irrompeu no ano de 1847 na Inglaterra e, a partir dos efeitos dela sobre o continente europeu, ter sido descrita a culminação das tramas políticas daquele lugar nas revoluções dos meses de fevereiro e março de 1848, procedeu-se à exposição de como a prosperidade do comércio e da indústria, retomada em 1848 e intensificada ainda mais em 1849, paralisou o impulso revolucionário e possibilitou as concomitantes vitórias da reação. Especificamente a respeito da França consta então o que segue". (N. T.)

** Referência à descoberta de ouro na Califórnia em 1848, que junto com a descoberta de ricos depósitos de ouro na Austrália em 1851, contribuiu para a agitação industrial e das bolsas de valores nos países capitalistas. (N. E. I.)

trabalhadores, mas que sem exceção desembocaram naquela fraude pura tão peculiar e exclusiva dos franceses e dos chineses. Uma dessas sociedades inclusive é patrocinada diretamente pelo governo. As taxas de importação para a França somaram, nos primeiros nove meses de 1848, 63 milhões de francos; em 1849, 95 milhões de francos; e, em 1850, 93 milhões de francos. Aliás, no mês de setembro de 1850, elas ainda excederam em mais de um milhão o valor do mesmo mês de 1849. A exportação igualmente cresceu em 1849 e mais ainda em 1850.

A prova mais contundente da prosperidade restaurada é a reintrodução dos pagamentos em dinheiro vivo pelo banco por força da lei de 6 de agosto de 1850. No dia 15 de março de 1848, o banco havia sido autorizado a interromper seus pagamentos em espécie. O valor das suas cédulas em circulação, incluídos os bancos das províncias, atingira, naquele período, 373 milhões de francos (£ 14.920.000 [libras esterlinas]). No dia 2 de novembro de 1849, esse valor circulante já somava 482 milhões de francos ou £ 19.280.000, ou seja, houve um aumento da ordem de £ 4.360.000. E, no dia 2 de setembro de 1850, alcançou a soma de 496 milhões de francos ou £ 19.840.000, apresentando um aumento de cerca de 5 milhões de libras esterlinas. Nesse processo, não houve depreciação das notas bancárias; ao contrário, o aumento da circulação das notas foi acompanhado de um acúmulo sempre crescente de ouro e prata nas caixas-fortes, de modo que, no verão de 1850, as reservas em espécie somavam cerca de 14 milhões de libras esterlinas, um montante inaudito na França. O fato de o banco ter obtido dessa maneira as condições para elevar o seu capital ativo em 123 milhões de francos ou 5 milhões de libras esterlinas é a prova cabal da correção de nossa afirmação em caderno anterior[58], de que a aristocracia financeira não só não foi derrubada pela revolução, mas ainda saiu fortalecida. Esse resultado torna-se ainda mais evidente em vista do seguinte panorama sobre a legislação bancária francesa dos últimos anos. No dia 10 de junho de 1847, o banco foi autorizado a emitir notas de duzentos francos; a nota de menor valor até aquele

---

[58] Cf. p. 122-3.

momento havia sido a de quinhentos francos. Um decreto de 15 de março de 1848 declarou as notas emitidas pelo Banco da França como moeda legal e eximiu o banco da obrigação de trocá-las por dinheiro vivo. A emissão de notas pelo banco foi limitada a 350 milhões de francos. Ao mesmo tempo, ele foi autorizado a emitir notas de cem francos. Um decreto de 27 de abril ordenou a fusão dos bancos provinciais com o banco da França; outro decreto, de 2 de maio de 1848, elevou o valor da emissão de notas bancárias para 452 milhões de francos. Um decreto de 22 de dezembro de 1849 fixou o limite máximo da emissão de notas em 525 milhões de francos. Por fim, a lei de 6 de agosto de 1850 reintroduziu a permutabilidade das notas por dinheiro. Esses fatos, a contínua elevação da circulação, a concentração de todo o crédito francês nas mãos do banco e a acumulação de todo o ouro e toda a prata da França nas caixas-fortes do banco levaram o sr. Proudhon à conclusão de que agora o banco necessariamente se despiria de sua velha pele de cobra e se metamorfosearia em um banco popular proudhoniano[59]. Nem seria preciso que ele conhecesse a história da restrição bancária inglesa de 1797-1819[60]; ele só precisaria ter olhado por cima do canal para ver que esse fato, para ele inaudito na história da sociedade burguesa, nada mais foi do que um evento burguês extremamente normal, que naquele momento ocorria pela primeira vez na França. Vê-se que os teóricos supostamente revolucionários, que deram o tom em Paris após o governo provisório, eram tão inscientes sobre a natureza e os resultados das medidas tomadas quanto os próprios senhores do governo provisório.

Apesar da prosperidade industrial e comercial de que gozava momentaneamente a França, a massa da população, os 25 milhões de

---

[59] Pierre-Joseph Proudhon defendeu esse ponto de vista em uma polêmica contra o economista burguês Frédéric Bastiat, que foi publicada, de novembro de 1849 a fevereiro de 1850, no *La Voix du Peuple* (de Paris). A polêmica completa também saiu em uma edição única sob o título *Gratuité du crédit. Discussion entre M. Fr. Bastiat et M. Proudhon*.

[60] No ano de 1797, o governo inglês emitiu um ato administrativo extraordinário sobre a restrição bancária, pelo qual foi fixada uma cotação compulsória para as notas bancárias e interditada sua troca por ouro. A troca de notas bancárias por ouro só foi retomada em 1821, com base em uma lei de 1819.

agricultores, laborava em grande depressão. As boas colheitas dos últimos anos pressionaram os preços do cereal na França a níveis ainda mais baixos do que na Inglaterra; diante disso, nada mais impróprio do que chamar de brilhante a posição dos agricultores endividados, extorquidos pela usura e vergados pelos impostos. A história dos últimos três anos, entretanto, mostrou a contento que essa classe da população não é capaz de qualquer iniciativa revolucionária.

O período da crise inicia primeiro na Inglaterra e só depois no continente; é o que acontece também com o da prosperidade. Na Inglaterra, dá-se sempre o processo original; ela é o demiurgo do cosmo burguês. No continente, as fases do ciclo que a sociedade burguesa reiteradamente percorre sucedem em sua forma secundária e terciária. Primeiro, o continente exporta para a Inglaterra desproporcionalmente mais do que para qualquer outro país. Contudo, essa exportação para a Inglaterra, por sua vez, depende da posição em que se encontra a Inglaterra, especialmente em relação ao mercado ultramarino. Em segundo lugar, a Inglaterra exporta para os países ultramarinos desproporcionalmente mais do que todo o continente, de modo que a quantidade da exportação continental para esses países sempre depende, em cada caso, da exportação ultramarina da Inglaterra. Como consequência, mesmo que as crises produzam revoluções primeiro no continente, as suas razões residem sempre na Inglaterra. Naturalmente é mais provável que as irrupções violentas ocorram antes nas extremidades do corpo burguês do que no seu coração, já que aqui a possibilidade de compensação é maior do que lá. Em contrapartida, a intensidade com que as revoluções continentais retroagem sobre a Inglaterra é simultaneamente o termômetro que torna manifesto em que medida essas revoluções realmente colocam em xeque as condições de vida burguesas ou se atingem apenas as suas formações políticas.

No caso dessa prosperidade geral, na qual as forças produtivas da sociedade burguesa se desenvolvem de modo tão exuberante quanto possível no âmbito das relações burguesas, não se pode falar de uma verdadeira revolução. Tal revolução só se torna possível onde estes

As lutas de classes na França de 1848 a 1850

dois fatores, as *forças* produtivas *modernas* e as *formas de produção burguesas*, entram *em contradição* umas com a outras. As diversas rixas que os representantes das facções individuais do Partido da Ordem continental estão protagonizando e por meio das quais incorrem em compromissos mútuos, longe de propiciar o ensejo para novas revoluções, são, pelo contrário, possíveis somente porque, no momento, a base das relações está muito bem assegurada e, o que a reação ignora, é bem *burguesa*. Nessa base, ricochetearão todas as tentativas de reação que visam deter o desenvolvimento burguês, assim como toda a indignação moral e todas as proclamações entusiásticas dos democratas. *Uma nova revolução só será possível na esteira de uma nova crise. Contudo, aquela é tão certa quanto esta.*

Passemos agora à *França*.

A vitória que o povo havia conquistado em aliança com os pequeno-burgueses nas eleições do dia 10 de março foi anulada por ele mesmo, ao provocar a nova eleição de 28 de abril. Além de eleito por Paris, Vidal havia sido eleito também pela Baixa Renânia. O comitê parisiense, no qual a Montanha e a pequena burguesia possuíam forte representação, convenceu-o a optar pela eleição para a Baixa Renânia. Com isso, a vitória de 10 de março deixou de ser uma vitória decisiva; a hora da decisão foi adiada uma vez mais, a prontidão do povo se relaxou e ele se habituou a triunfos legais em lugar dos revolucionários. O sentido revolucionário do dia 10 de março e a reabilitação da Insurreição de Junho[61] foram totalmente anulados pela candidatura de Eugène Sue, o visionário social pequeno-burguês sentimental, que o proletariado poderia aceitar no máximo como uma piada para agradar às *grisettes**. Diante dessa candidatura bem-intencionada, o Partido da Ordem, que se tornara mais atrevido em vista da política hesitante dos seus adversários, apresentou um candidato que deveria representar a *vitória* de junho. Esse candidato esquisito foi o patriarca espartano Leclerc, cuja armadura heroica, entretanto, foi-lhe arrancada

---
[61] Cf. nota 7, p. 48.

* Moças bem situadas ou empregadas que também trabalhavam como cortesãs. (N. T.)

do corpo peça por peça pela imprensa, fazendo com que ele experimentasse uma derrota fulgurante na eleição. A nova vitória eleitoral no dia 28 de abril levou a Montanha e a pequena burguesia ao delírio. Elas já exultavam com a ideia de conseguirem chegar à realização dos seus desejos por vias puramente legais e sem precisar trazer o proletariado para o primeiro plano mediante uma nova revolução; eles já contavam firmemente com a hipótese de, nas novas eleições de 1852, mediante o sufrágio universal, alçar o sr. Ledru-Rollin à cadeira presidencial e uma maioria de *montagnards* à Assembleia. Baseado no resultado dessa nova eleição, na candidatura de Sue e no estado de ânimo da Montanha e da pequena burguesia, o Partido da Ordem teve plena certeza de que, qualquer que fosse a circunstância, eles permaneceriam quietos; diante disso, ele respondeu às duas vitórias eleitorais com a *lei eleitoral* que revogou o sufrágio universal.

O governo precaveu-se muito bem de apresentar esse projeto de lei sob sua própria responsabilidade. Ele fez à maioria uma aparente concessão, delegando a sua elaboração aos altos dignitários dessa maioria, aos dezessete burgraves[62]. Portanto, não foi o governo que propôs à Assembleia, mas a maioria da Assembleia propôs a si mesma a revogação do sufrágio universal.

No dia 8 de maio, o projeto foi trazido à câmara. Toda a imprensa social-democrática se levantou unida, para pregar ao povo uma postura digna, *calme majestueux* [calma majestática], passividade e confiança nos seus representantes. Cada artigo desses jornais era uma confissão de que a revolução deveria destruir, antes de tudo, a assim chamada imprensa revolucionária e de que, nesse caso, tratava-se da sua autopreservação. A imprensa supostamente revolucionária revelou todo o seu segredo. Ela assinou a sua própria sentença de morte.

No dia 21 de maio, a Montanha iniciou o debate preliminar, solicitando a rejeição do projeto como um todo, por constituir uma violação da Constituição. O Partido da Ordem respondeu que a Cons-

---

[62] Marx tem em mente aqui uma comissão composta de dezessete deputados orleanistas e legitimistas da Assembleia Legislativa, que por disposição do ministro do interior de 1º de maio de 1850 foi incumbida de elaborar o projeto de uma nova lei eleitoral.

tituição seria violada sempre que fosse necessário, mas que, naquele momento, não era porque a Constituição seria passível de qualquer interpretação e porque a maioria seria a única instância competente para decidir a respeito da interpretação correta. Aos ataques incontidamente ferozes de Thiers e Montalembert a Montanha contrapôs um humanismo recatado e erudito. Ela se reportou ao terreno legal; o Partido da Ordem remeteu-a ao terreno sobre o qual cresce o direito, à propriedade burguesa. A Montanha choramingou: será que realmente querem conjurar revoluções a toda força? O Partido da Ordem retrucou: vamos nos preparar para elas.

No dia 22 de maio, o debate preliminar foi encerrado com 462 votos contra 227. Os mesmos homens que, com solene pedantismo, haviam demonstrado que a Assembleia Nacional e cada deputado individual abdicariam quando renunciassem ao povo que os investira da sua autoridade perseveraram nos seus assentos, quiseram de repente fazer com que o país agisse no lugar deles, mais exatamente por meio de petições. Eles ainda estavam lá sentados imóveis quando, no dia 31 de maio, a lei foi aprovada fulgurosamente. Eles tentaram vingar-se por meio de um protesto, mediante o qual protocolaram sua inocência quanto à violação da Constituição, um protesto que não fizeram questão de deixar publicamente registrado, mas que enfiaram sorrateiramente no bolso do presidente.

Um exército de 150 mil homens em Paris, a longa procrastinação da decisão, a dissuasão pela imprensa, a pusilanimidade da Montanha e dos representantes recém-eleitos, a calma majestática dos pequeno-burgueses, mas sobretudo a prosperidade comercial e industrial impediram qualquer tentativa de revolução por parte do proletariado.

O sufrágio universal havia cumprido a sua missão. A maioria do povo havia passado pela escola do desenvolvimento, que tinha utilidade para o sufrágio universal somente em uma época revolucionária. Ele tinha de ser eliminado por uma revolução ou pela reação.

Um dispêndio de energia ainda maior foi protagonizado pela Montanha em uma ocasião que sobreveio logo depois. O ministro da guerra Hautpoul afirmou, do alto da tribuna, que a Revolução de

Fevereiro fora uma catástrofe maléfica. Os oradores da Montanha, que, como sempre, distinguem-se pela algazarra indignada, não foram autorizados pelo presidente Dupin a fazer uso da palavra. Girardin sugeriu à Montanha que renunciasse imediatamente. Resultado: a Montanha ficou sentada, mas Girardin foi excluído do seu meio como indigno.

A lei eleitoral ainda necessitava de uma complementação: uma nova *lei de imprensa*. Não foi preciso esperar muito por ela. Um projeto do governo, exacerbado de muitas formas por emendas do Partido da Ordem, elevou o valor das cauções, exigiu um carimbo extra nos romances de folhetim (resposta à eleição de Eugène Sue), taxou todos os escritos publicados em tiragens semanais ou mensais até determinado número de páginas e decretou, por último, que todo artigo de jornal fosse publicado com a assinatura do seu autor. As prescrições referentes à caução mataram toda a assim chamada imprensa revolucionária; o povo considerou a ruína desta como uma reparação pela revogação do sufrágio universal. Entretanto, nem a tendência nem o efeito dessa nova lei envolveram unicamente esse segmento da imprensa. Enquanto a imprensa jornalística pôde preservar o anonimato, ela se constituiu como órgão da opinião pública inumerável e anônima; ela era o terceiro poder no Estado. A assinatura de cada artigo fez do jornal uma mera coleção de contribuições literárias de indivíduos mais ou menos conhecidos. Cada artigo foi rebaixado ao *status* de anúncio publicitário. Até aquele momento, os jornais haviam circulado como a moeda-papel da opinião pública; agora se dissolveram em letras de câmbio exclusivas mais ou menos ruins, cujo valor e circulação dependem do crédito não só do emitente, mas também do endossante. Assim como havia agitado em favor da revogação do sufrágio universal, a imprensa do Partido da Ordem também agitou em favor das medidas extremas contra a imprensa má. Entretanto, a própria imprensa boa com seu soturno anonimato era incômoda para o Partido da Ordem e mais ainda para os seus representantes provinciais individuais. No que tangia a ele próprio, o partido exigia que só houvesse o escritor pago com nome,

As lutas de classes na França de 1848 a 1850

endereço e *signalement* [sinal de identificação]. Foi em vão que a boa imprensa se queixou da ingratidão com que os seus serviços foram recompensados. A lei foi aprovada, a determinação da identificação nominal atingiu sobretudo essa imprensa. Os nomes dos autores republicanos que escreviam nos diários eram bem conhecidos; mas as respeitáveis firmas do *Journal des Débats*, do *Assemblée Nationale*, do *Constitutionnel* etc. etc. fizeram triste figura com seus altos protestos de sabedoria estatal, quando a misteriosa companhia de repente se desintegrou em *penny-a-liners* [jornalistas picaretas] venais com longa prática, que já haviam defendido todo tipo imaginável de coisas por dinheiro, como Granier de Cassagnac, ou em capachos velhos que se diziam estadistas, como Capefigue, ou em esquisitões faceiros, como o sr. Lemoinne do *Débats*.

No debate sobre a lei de imprensa, a Montanha já havia despencado a um nível de degradação moral tal que teve de contentar-se com aplaudir as brilhantes tiradas de uma velha celebridade luís-filipina, o sr. Victor Hugo.

Em consequência da lei eleitoral e da lei de imprensa, o partido democrático e revolucionário sai da cena oficial. Antes de partirem para casa, pouco depois do encerramento da sessão, as duas facções da Montanha, os democratas socialistas e os socialistas democráticos, emitiram dois manifestos[63], dois *testimonia paupertatis* [atestados de pobreza], nos quais comprovaram que, embora o poder e o êxito jamais tivessem estado do lado deles, eles sempre haviam estado do lado do direito eterno e de todas as demais verdades eternas.

Tratemos agora do Partido da Ordem. A *N[eue] Rh[einische] Z[eitung]* declarou, no caderno 3, p. 16:

> Diante dos anseios de restauração dos orleanistas e legitimistas unidos, Bonaparte representa a autoridade do seu poder de fato, a da república; diante dos anseios de restauração de Bonaparte, o Partido da Ordem representa a autoridade do seu domínio comum, a da república; diante dos orleanistas, os legitimistas representam o *status quo*, a república, assim

---

[63] Alusão aos manifestos intitulados *Compte-rendu de la Montagne au peuple* e *Au peuple*, que foram publicados no jornal *La Peuple de 1850* (de Paris) de 11 e 14 de agosto de 1850.

como, diante dos legitimistas, os orleanistas. Todas essas facções do Partido da Ordem, tendo cada uma delas *in petto* [secretamente] o seu próprio rei e a sua própria restauração, fazem valer reciprocamente, perante os anseios de usurpação e exaltação de seus rivais, o domínio comum da burguesia, a forma em que as pretensões específicas permanecem neutralizadas e reservadas – *a república*. [...] E as palavras de Thiers foram mais verdadeiras do que ele imaginava quando disse: "Nós, os monarquistas, somos os verdadeiros esteios da república constitucional.[64]

Essa comédia dos *républicains malgré eux* [republicanos apesar deles mesmos], a aversão ao *status quo* e a constante consolidação deste; os incessantes atritos entre Bonaparte e a Assembleia Nacional; a ameaça constantemente renovada pelo Partido da Ordem de desagregar-se em seus componentes individuais e a junção constantemente reiterada de suas facções; a tentativa de cada facção de transformar cada vitória contra o inimigo comum em derrota dos aliados momentâneos; a ciumeira, a animosidade e o atenazamento recíprocos, o incansável puxar de espadas que sempre acabou em um *baiser-Lamourette* [beijo de Lamourette][65] – toda essa maçante comédia de erros jamais experimentou uma evolução tão clássica quanto a dos últimos seis meses.

O Partido da Ordem considerou a lei eleitoral simultaneamente como uma vitória contra Bonaparte. O governo não havia abdicado ao deixar a redação e a responsabilidade pelo seu próprio projeto a cargo da comissão dos dezessete [burgraves]? E a principal força de Bonaparte diante da Assembleia não reside no fato de ele ser o eleito dos 6 milhões? – Bonaparte, por sua vez, tratou a lei eleitoral como uma concessão à Assembleia, com a qual ele teria barganhado a harmonia do poder legislativo com o poder executivo. A título de contrapartida, o aventureiro ordinário exigiu um aumento de 3 milhões em sua lista civil. A Assembleia Nacional deveria entrar em conflito com o executivo em um momento em que havia banido a maioria dos franceses? Ela ficou muito irritada e deu a impressão

---

[64] Cf. p. 121-2.

[65] Alusão a um episódio da Revolução Francesa em que Adrien Lamourette, deputado da Assembleia Nacional Legislativa, propôs, no dia 7 de julho de 1792, acabar com todas as discórdias partidárias por meio de um beijo fraternal.

de querer levar a questão a extremos; sua comissão rejeitou a moção, a imprensa bonapartista proferiu ameaças e apontou para o povo deserdado e privado do seu direito de votar, ocorreu boa quantidade de tentativas rumorosas de negociação e a Assembleia acabou cedendo na questão concreta, mas vingando-se, ao mesmo tempo, no princípio. Em vez do aumento anual regular da lista civil no valor de 3 milhões, ela concedeu uma subvenção única de 2.160.000 francos. Não contente com isso, ela fez essa concessão só depois de obter para ela o apoio de Changarnier, o general do Partido da Ordem e o protetor impingido a Bonaparte. Na verdade, portanto, ela não concedeu os 2 milhões a Bonaparte, mas a Changarnier.

Esse presente atirado *de mauvaise grâce* [a contragosto] foi aceito por Bonaparte bem no sentido do doador. A imprensa bonapartista fez novo escarcéu contra a Assembleia Nacional. E quando, durante o debate em torno da lei de imprensa, foi apresentada a emenda referente à identificação nominal, que, uma vez mais, era dirigida contra os jornais de menor expressão, que representavam os interesses privados de Bonaparte, a principal folha bonapartista, o *Pouvoir*, trouxe um ataque franco e virulento contra a Assembleia Nacional. Os ministros tiveram de desmentir o jornal perante a Assembleia; o *gérant* [gerente] do *Pouvoir* foi intimado a comparecer diante da Assembleia Nacional e condenado a pagar a multa máxima, de 5 mil francos. No dia seguinte, o *Pouvoir* trouxe um artigo ainda mais petulante contra a Assembleia e, a título de revanche do governo, o tribunal perseguiu diversos jornais legitimistas por violação da Constituição.

Finalmente se chegou à questão do recesso da câmara. Bonaparte o desejava para poder operar sem ser tolhido pela Assembleia. O Partido da Ordem o desejava, em parte para consumar as intrigas da facção, em parte para que os deputados pudessem individualmente ir atrás dos seus interesses privados. Ambos precisavam dele para consolidar e aprofundar as vitórias da reação nas províncias. Em consequência, a Assembleia entrou em recesso de 11 de agosto até 11 de novembro. Porém, como Bonaparte de modo algum escondia que seu único interesse no recesso era livrar-se da supervisão importuna da Assembleia Nacional, esta estampou no próprio voto de confiança o selo da desconfiança contra o presidente. Todos os bonapartistas foram alijados da comissão permanente de 28 membros que perseveraram durante as férias no papel de guardiões da virtude da república[66]. No lugar deles, foram eleitos até alguns republicanos do *Siècle* e do *National*, para manifestar ao presidente a lealdade da maioria à república constitucional.

Pouco antes e, em especial, imediatamente após o recesso da Câmara, as duas grandes facções do Partido da Ordem, os orleanistas e os legitimistas, davam a impressão de querer reconciliar-se, mais exatamente por meio de uma fusão das duas casas reais sob cujos estandartes combatiam. Os jornais estavam repletos de propostas de reconciliação, que teriam sido discutidas junto ao leito de enfermidade de Luís Filipe em Saint Leonards, quando a morte de Luís Filipe subitamente simplificou a situação. Luís Filipe era o usurpador, Henrique V, o usurpado, ao passo que o conde de Paris era o sucessor legal, devido à ausência de filhos de Henrique V. Agora não havia mais pretexto para a fusão dos dois interesses dinásticos. Porém, justo naquele momento as duas facções da burguesia descobriram que não estavam separadas pelo partidarismo entusiástico por determinada casa real, mas que as duas dinastias se mantinham afastadas, antes, por causa de seus distintos interesses de classe. Os legitimistas, que peregrinaram até a corte de Henrique V em Wiesbaden[67], assim como seus concorrentes foram até Saint Leonards[68], receberam ali a notícia da morte de Luís Filipe. Logo em seguida, formaram um ministério *in partibus infidelium* [nas terras dos infiéis], composto majoritariamente por membros daquela comissão de guardiões da virtude da república e que, por ocasião de uma rixa surgida no seio do partido, saiu-se com a mais franca proclamação do direito advindo da graça divina. Os orleanistas exultaram com

---

[66] Cf. nota 47, p. 116.
[67] Cf. nota 48, p. 117.
[68] Cf. nota 49, p. 118.

o escândalo comprometedor que esse manifesto[69] deflagrou na imprensa e nem por um instante fizeram segredo de sua inimizade declarada pelos legitimistas.

Durante o recesso da Assembleia Nacional, reuniram-se as representações departamentais. A maioria se pronunciou favorável a uma revisão constitucional mais ou menos codificada em cláusulas, isto é, favorável a uma restauração monárquica sem contornos mais bem definidos, favorável a uma *"solução"*, e, ao mesmo tempo, admitiu ser incompetente demais ou covarde demais para encontrar essa solução. A facção bonapartista de imediato interpretou esse desejo no sentido de uma prorrogação do mandato presidencial de Bonaparte.

A solução constitucional, a abdicação de Bonaparte em maio de 1852, a eleição concomitante de um novo presidente por todos os eleitores do país, a revisão da Constituição por uma câmara de revisão nos primeiros meses da nova presidência são totalmente inadmissíveis para a classe dominante. O dia da nova eleição presidencial seria o dia do *rendezvous* [encontro marcado] de todos os partidos hostis, dos legitimistas, dos orleanistas, dos republicanos burgueses e dos revolucionários. Forçosamente se chegaria a uma decisão pela violência entre as diversas facções. Mesmo que o Partido da Ordem conseguisse se unir em torno da candidatura de algum homem neutro, fora das famílias dinásticas, Bonaparte novamente disputaria com ele. Na sua luta contra o povo, o Partido da Ordem é forçado a aumentar de forma contínua o poder do executivo. Todo aumento de poder do executivo constitui um aumento de poder do seu detentor, Bonaparte. Em consequência, na mesma medida em que o Partido da Ordem reforça seu poder comum, ele reforça os recursos bélicos à disposição das pretensões dinásticas de Bonaparte, reforça as chances que este tem de frustrar pela força a solução constitucional

---

[69] Referência ao assim chamado Manifesto de Wiesbaden, de 30 de agosto de 1850, que havia sido redigido por incumbência do pretendente legitimista ao trono, o Conde de Chambord. Nele foi condenada a proposta do líder dos legitimistas, Henri-Auguste--Georges de La Rochejaquelein, de deixar os eleitores franceses optarem entre monarquia e república. O pretendente ao trono rejeitou oficial e categoricamente qualquer apelo ao povo, porque tal apelo representaria a renúncia ao princípio da monarquia hereditária.

no dia da decisão. Ele não teria então, diante do Partido da Ordem, mais escrúpulos em relação a um dos pilares da Constituição do que o Partido da Ordem teve diante do povo em relação ao outro pilar na questão da lei eleitoral. Ao que tudo indicava, ele até apelaria em face da Assembleia para o sufrágio universal. Em suma, a solução constitucional põe em xeque todo o *status quo* político, e, por trás da ameaça ao *status quo*, o cidadão vislumbra o caos, a anarquia, a guerra civil. Ele vê todas as suas aquisições e vendas, suas letras de câmbio, seus casamentos, seus contratos notariais, suas hipotecas, suas rendas fundiárias, seus aluguéis, seus lucros, todos os seus contratos e fontes de renda postos em xeque pelo primeiro domingo de maio de 1852, e ele não pode correr esse risco. Por trás da ameaça ao *status quo* político se esconde o perigo de desabamento de toda a sociedade burguesa. A única solução possível nos termos da burguesia é o adiamento da solução. Ela só será capaz de salvar a república constitucional por meio da violação da Constituição, por meio da prorrogação do mandato do presidente. Essa é também a última palavra da imprensa da ordem após os prolongados e profundos debates sobre as "soluções", aos quais se dedicou depois da sessão dos conselhos gerais. Assim, o prepotente Partido da Ordem se vê forçado, para sua humilhação, a levar a sério a pessoa ridícula, ordinária e por ele odiada do pseudo-Bonaparte.

Esse reles personagem estava igualmente enganado quanto às razões que o investiam mais e mais do caráter de homem necessário. Enquanto o partido bonapartista teve bom-senso suficiente para atribuir às circunstâncias a importância crescente da pessoa de Bonaparte, este acreditava que sua importância se devia unicamente aos poderes mágicos do seu nome e à sua incessante maneira de caricaturar Napoleão. A cada dia ele se tornava mais empreendedor. Às romarias para Saint Leonards e Wiesbaden, ele contrapôs seus périplos pela França. Os bonapartistas confiavam tão pouco no efeito mágico de sua personalidade que, para todos os pontos em que ele ia, embarcavam junto com ele, amontoadas em trens e carruagens, para servir de claque, massas de gente dessa organização do lumpemproletariado parisiense chamada Sociedade 10 de Dezembro[70]. Eles colocaram discursos na boca de suas marionetes que, dependendo da recepção nas diversas cidades, proclamavam a resignação republicana ou a tenacidade persistente como o lema da política presidencial. Apesar de todas as manobras, essas viagens nada mais foram que cortejos triunfais.

Quando julgou que o povo já estava suficientemente entusiasmado, Bonaparte partiu para obter o apoio do exército. Ele promoveu grandes paradas militares na planície de Satory junto a Versalhes, nas quais procurou comprar os soldados com linguiças de alho, champanhe e charutos. Porque o verdadeiro Napoleão soubera, em meio aos sacrifícios impostos pelas suas expedições de conquista, encorajar os seus solados exauridos com intimidades paternalistas momentâneas, o pseudo-Napoleão julgou que as tropas bradariam agradecidas: *Vive Napoléon! Vive le saucisson!* [Viva Napoleão! Viva a linguiça!], isto é: Viva a linguiça [*Wurst*]! Viva o palhaço [*Hanswurst*]!

Essas paradas fizeram estourar a divergência por muito tempo abafada entre Bonaparte e seu ministro da guerra Hautpoul, por um lado, e Changarnier, por outro. Na pessoa de Changarnier, o Partido da Ordem havia encontrado o seu autêntico homem neutro, ao qual não se podia imputar nenhuma pretensão dinástica. Ele havia sido designado para suceder Bonaparte. Ademais, por sua atuação no dia 29 de janeiro e no dia 13 de junho de 1849, Changarnier se tornara o grande general do Partido da Ordem, o Alexandre moderno, cuja intervenção brutal, no parecer do cidadão temeroso, havia cortado o nó górdio da revolução. No fundo tão ridículo quanto Bonaparte, ele foi alçado ao poder da forma menos custosa possível e posto pela Assembleia Nacional diante do presidente para vigiá-lo. Ele próprio flertou, por exemplo, na questão das dotações, com a proteção que proporcionava a Bonaparte e passou a agir de maneira cada vez mais prepotente contra este e seus ministros. Quando, por ocasião da lei

---

[70] Organização criada por Luís Bonaparte em 1849 para lhe servir de suporte. É descrita detalhadamente por Marx em seu livro *O 18 de brumário de Luís Bonaparte* (São Paulo, Boitempo, 2011).

eleitoral, era esperada uma insurreição, ele proibiu os seus oficiais de receber quaisquer ordens do ministro da guerra ou do presidente. A imprensa ainda contribuiu com a sua parte para engrandecer a figura de Changarnier. Na completa falta de grandes personalidades, o Partido da Ordem naturalmente se viu forçado a conferir toda a força de que carece o conjunto da sua classe a um único indivíduo e a inflar esse indivíduo à condição de colosso. Desse modo, surgiu o mito de Changarnier, o *"baluarte da sociedade"*. A charlatanice arrogante e a presunção enigmática com que Changarnier se curvou ao papel de carregar o mundo nas suas costas compõem o mais ridículo dos contrastes com os acontecimentos que se deram durante e após a parada militar de Satory, que provaram irrefutavelmente que bastaria um canetaço do infinitamente pequeno Bonaparte para reconduzir esse fantástico produto malparido do medo burguês, o colosso Changarnier, às dimensões de sua mediocridade e converter esse herói salvador da sociedade em um general aposentado.

Bonaparte já vinha se vingando de Changarnier há algum tempo, ao induzir o ministro da guerra a provocar controvérsias em torno de questões disciplinares com o seu incômodo protetor. A última parada militar em Satory acabou por entornar o velho rancor. A indignação constitucional de Changarnier passou dos limites quando viu os regimentos da cavalaria desfilar à sua frente, bradando inconstitucionalmente: *Vive l'Empereur!* [Viva o imperador!]. Para antecipar-se a todos os debates desagradáveis em torno desse brado na sessão subsequente da câmara, Bonaparte afastou o ministro da guerra Hautpoul, designando-o para o cargo de governador de Argel. Para o seu lugar, ele nomeou um velho general de sua confiança do período imperial, que estava perfeitamente à altura de Changarnier em termos de brutalidade. Porém, para que a demissão de Hautpoul não parecesse uma concessão a Changarnier, ele transferiu ao mesmo tempo o braço direito do grande salvador da sociedade, o general Neumayer, de Paris para Nantes. Fora Neumayer que, durante a última parada militar, convencera toda a infantaria a desfilar diante do sucessor de Napoleão em gélido silêncio. Changarnier, atingido pessoalmente através de Neumayer, protestou e ameaçou. Em vão. Após dois dias de negociação, o decreto de transferência de Neumayer foi publicado no *Moniteur*, e o herói da ordem não teve outra saída a não ser submeter-se à disciplina ou abdicar.

A briga de Bonaparte contra Changarnier é a continuação de sua briga contra o Partido da Ordem. Em consequência disso, a reabertura da Assembleia Nacional, no dia 11 de novembro, aconteceu sob auspícios ameaçadores. Será a tempestade no copo d'água. Em sua essência, o velho jogo tem de continuar. Por isso mesmo, a maioria do Partido da Ordem será obrigada a prolongar o mandato do presidente, a despeito da gritaria dos paladinos dos princípios de suas diversas facções. Da mesma forma, a despeito de todos os protestos temporários, e já acuado pela falta de dinheiro, Bonaparte aceitará essa prorrogação do mandato como simples delegação das mãos da Assembleia Nacional. Desse modo, a solução é adiada, o *status quo* continua a ser preservado, as facções do Partido da Ordem se comprometem, enfraquecem e inviabilizam mutuamente, a repressão contra o inimigo comum, a massa da nação, é ampliada e esgotada – até que as próprias relações econômicas novamente atinjam o ponto do seu desenvolvimento, em que uma nova explosão mande pelos ares todos esses partidos rixentos com sua república constitucional.

Aliás, para tranquilizar o cidadão, deve ser dito que o escândalo entre Bonaparte e o Partido da Ordem resultou nisto: um punhado de pequenos capitalistas ficou arruinado e seu patrimônio foi parar nos bolsos dos grandes lobos da bolsa de valores.

ÍNDICE ONOMÁSTICO

Albert l'Ouvrier [Albert, o Trabalhador] (Alexandre Martin) (1815-1895): revolucionário francês. Participou da Revolução de 1848 e foi eleito para participar do governo provisório, tornando-se o primeiro trabalhador industrial a fazer parte de um governo na França. p. 43, 45-6, 60-1

Alexandre III, o Grande (356-323 a. C.): rei da Macedônia (336-323 a. C.), fundador de um império mundial que ia da Macedônia à Índia. p. 159

Anteu: na mitologia grega, gigante filho de Gaia e Poseidon. Era extremamente forte quando em contato com o chão. Foi derrotado por Héracles, que descobriu sua fraqueza e ergueu-o antes de matá-lo. p. 110

Baraguey-d'Hilliers (1795-1878): general francês. Durante a Segunda República, foi deputado nas assembleias Constituinte e Legislativa. Em 1851 comandou a guarnição de Paris. Tornou-se bonapartista. p. 116

Barbès, Armand (1809-1870): revolucionário francês. Participou da Revolução de 1848, sendo condenado a prisão perpetua. Anistiado por Napoleão III em 1854, exilou-se nos Países Baixos. p. 61, 89

Baroche, Pierre Jules (1802-1870): político e estadista francês, representante do Partido da Ordem. Tornou-se bonapartista. Em 1849 foi procurador-geral do Tribunal de Apelação. p. 142

Barrot, Odilon (1791-1873): político francês, chefe da oposição dinástica liberal até fevereiro de 1848. Entre dezembro de 1848 e outubro de 1849, chefiou o governo em um período em que este se apoiava no Partido da Ordem. p. 29, 42, 69-70, 81-4, 86-91, 96, 107-8, 115, 119, 121, 134

Bartolomeu, são: no cristianismo, um dos apóstolos de Jesus. p. 74

Bastiat, Frédéric (1801-1850): economista francês, defensor da teoria da harmonia das classes. p. 38, 147

Bastide, Jules (1800-1879): político e publicista francês, escreveu para o *National* e foi ministro de Assuntos Exteriores em 1848. p. 74

Beaumarchais, Pierre-Augustin Caron de (1732-1799): dramaturgo francês, conhecido pela trilogia de Figaro (*O barbeiro de Sevilha*, *As bodas de Figaro* e *A mãe culpada*),

Índice onomástico

que ganhou diversas adaptações para óperas. Comprou armas para apoiar a luta pela independência dos Estados Unidos. p. 90

Bebel, August (1840-1913): um dos fundadores e líderes da social-democracia alemã e da Segunda Internacional. p. 21

Bismarck, Otto Eduard Leopold, Príncipe de (1815-1898): estadista e diplomata; chefe de gabinete nos períodos de 1862-72 e 1873-90; de 1871 a 1890, primeiro-ministro do Império [*Reichskanzler*]; em 1870, deu fim à guerra com a França e, em 1871, apoiou a repressão à Comuna de Paris; promoveu, com uma "revolução a partir de cima", a unidade do Império; em 1878, autor da lei de exceção contra a social-democracia (conhecida como "lei contra os socialistas"). p. 14, 18, 21, 29-30

Blanc, Jean Joseph Charles Louis (1811-1882): jornalista francês e historiador; em 1848, membro do governo provisório e presidente da Comissão de Luxemburgo; defendeu a política da conciliação entre as classes e da aliança com a burguesia; emigrou para a Inglaterra em agosto de 1848; voltou-se contra a Comuna de Paris quando deputado da Assembleia Nacional de 1871. p. 43, 45-6, 50, 56, 58, 60, 69-70, 85, 101, 140

Blanqui, Louis Auguste (1805-1881): revolucionário francês, comunista utópico. Durante a revolução de 1848, pertenceu à extrema-esquerda do movimento proletário e democrático na França. Foi repetidas vezes condenado à prisão. p. 58, 61, 89-90, 101, 138, 140, 142

Blücher, Gebhard Leberecht Von (1742-1819): general prussiano que combateu o exército de Napoleão I em duas ocasiões, inclusive na batalha de Waterloo, em 1815, ao lado do britânico Wellington. p. 115

Boisguillebert, Pierre Le Pesant, sieur de (1646-1714): economista e estatístico francês, fundador da economia política burguesa clássica na França. p. 128

Bonaparte, Luís: ver **Napoleão III**.

Bourbon: antiga dinastia da Europa, à qual pertenceram reis de diversos países, sobretudo da França e da Espanha. A casa de Bourbon governou na França entre 1589 e 1792, nos anos de 1814 e 1815 e entre 1815 e 1830. p. 45, 80, 98, 120

Bréa, Jean Baptiste Fidèle (1790-1848): general francês, participou da repressão aos revolucionários de 1848, que depois o executaram. p. 101

Bright, John (1811-1889): industrial do setor têxtil, político britânico, defensor do livre-cambismo e um dos fundadores da Anti-Corn-Law League [Liga contra a lei dos cereais]. p. 125

Bugeaud, Thomas Robert (1784-1849): marechal francês, comandou o exército dos Alpes entre 1848 e 1849. Também teve papel destacado na conquista da Argélia. p. 83

Cabet, Étienne (1788-1856): jurista e jornalista francês; fundador de uma corrente do comunismo francês; tentou realizar sua utopia – tema de sua obra *Viagem a Icária* – com a fundação de uma colônia comunista nos EUA; em 1847 e 1848, aliado de Marx e Engels. p. 58

As lutas de classes na França de 1848 a 1850

Capefigue, Jean-Baptiste Honoré Raymond (1802-1872): historiador francês monarquista, trabalhava no ministério dos Negócios Estrangeiros quando ocorreu a Revolução de Julho em 1848. p. 153

Carlier, Pierre (1799-1858): administrador da polícia de Paris (1849-1851). Atuou como bonapartista. p. 134-5

Carlos Alberto (1798-1849): rei da Sardenha de 1831 a 1849, durante o começo do *Risorgimento*. Abdicou depois de ser derrotado por forças austríacas e exilou-se em Portugal. p. 95

Carlos X (1757-1836): rei da França de 1824 a 1830. p. 141

Carnot, Lazare-Nicolas (1753-1823): matemático, político e militar francês; jacobino no tempo da Revolução Francesa, mais tarde tomou parte no Estado contrarrevolucionário de 9 de Termidor; em 1795, tornou-se membro do Diretório; sob Napoleão I, ministro da Guerra; banido da França pelos Bourbon em 1815. p. 140, 142

Cassagnac, Adolphe-Granier de (1806-1880): escritor, historiador e romancista francês. Sob a Monarquia de Julho, foi partidário da dinastia de Orléans. Após a revolução de fevereiro, tornou-se bonapartista radical. p. 153

Caussidière, Marc (1808-1861): participou da insurreição de Lyon de 1834. Condenado a vinte anos de trabalhos forçados, foi anistiado em 1837. Participou de todos os complôs republicanos. Exilou-se após as jornadas revolucionárias de 1848. p. 50, 69-70, 101

Cavaignac, Louis-Eugène (1802-1857): general e político francês, republicano moderado; participou, nos anos 1830 e 1840, da conquista da Argélia. Ministro da Guerra a partir de maio de 1848, reprimiu com extrema crueldade a Insurreição de Junho de 1848 dos operários de Paris. Chefe do poder executivo de junho a dezembro de 1848; primeiro-ministro de junho a dezembro de 1848. Após o sucesso do golpe de Luís Bonaparte em 1851, recusou-se a jurar lealdade ao Império. p. 56, 62-3, 68, 73-5, 77-81, 85, 87, 93-5, 103, 110

Chambord, Henri Charles Ferdinand Marie Dieudonné d'Artois, duque de Bordeaux, conde de (1820-1883): último representante da mais antiga linhagem dos Bourbons; neto de Carlos X, banido após a vitória da Revolução de Julho de 1830; pretendente legitimista ao trono, sob o nome de Henrique V. p. 117, 156-7

Changarnier, Nicolas Anne Théodule (1793-1877): general francês e político; monarquista; em 1848-1849, deputado da Assembleia Nacional constituinte e legislativa; após a Insurreição de Junho de 1848, comandante-maior da Guarda Nacional e guarnição de Paris; preso depois do golpe de Estado de 2 de dezembro de 1851 e expulso da França; retornou à França em 1859; pertenceu ao comando do exército do Reno durante a guerra franco-prussiana de 1870-1871; preso em Metz; deputado da Assembleia Nacional de 1871. p. 83, 90-1, 104, 111, 116, 155, 159-61

Cobden, Richard (1804-1865): fabricante em Manchester; liberal, livre-cambista; cofundador da Liga Contra a Lei dos Cereais; membro do parlamento. p. 125

Considéran, Victor-Prosper (1808-1893): socialista utópico francês, sucessor de Fourier. Elegeu-se deputado na Assembleia Constituinte em 1848. No ano seguinte,

Índice onomástico

exilou-se na Bélgica e fez várias viagens aos Estados Unidos, onde fundou a colônia La Réunion, baseada nos princípios de Fourier. p. 113

Constantino I [Flavius Valerius Constantinus] (272?-337): primeiro imperador romano a se converter ao cristianismo. p. 31

Crémieux, Isaac Adolphe (1796-1880): jurista e político francês; depois de 1830, defendeu – na condição de advogado – vários escritores e políticos da oposição. p. 43, 93

Creton, Nicolas (1798-1864): advogado e político francês, orleanista. Sob a Monarquia de Julho, membro da oposição dinástica. Mais tarde, membro da Assembleia Constituinte e da Assembleia Legislativa. p. 127

Cromwell, Oliver (1599-1658): líder da seita protestante inglesa "Os Puritanos". Em 1648, liderou a derrubada do rei Carlos I, condenando-o à morte. Nomeou a si mesmo Lorde Protetor, governando com esse título até morrer. p. 90

Cubières, Amédée Louis (1786-1853): general francês orleanista, foi condenado por subornar um ministro a fim de obter uma concessão de mineração. Depois da condenação, perdeu a patente. p. 126

Dâmocles: segundo uma lenda grega tardia, membro da corte do tirano Dionísio I de Siracusa (século IV a. C.). Porque Dâmocles bajulava Dionísio, dizendo que este era um homem afortunado por seu grande poder e autoridade, o tirano propôs-lhe trocar de lugar com ele por um dia, para que ele pudesse desfrutar um pouco dessa condição privilegiada. À noite, durante um banquete, Dâmocles olhou para cima e viu uma espada suspensa diretamente sobre sua cabeça, presa por um único fio de rabo de cavalo. Isso o fez renunciar imediatamente a seu posto. A expressão "espada de Dâmocles" se refere, assim, à insegurança que sempre acompanha aqueles que ocupam postos de grande poder. p. 133

Davi (?-c. 962 a. C.): segundo rei de Israel. p. 78

Deflotte, Paul-Louis François René (1817-1860): serviu na marinha e realizou várias expedições científicas. Partidário de Fourier. Após a revolução de fevereiro, foi um dos oradores mais influentes do grupo dos blanquistas. Participou da Insurreição de Junho de 1848. p. 140, 142

Diocleciano [Gaius Aurelius Valerius Diocletianus] (245-316): imperador romano de 284 a 305. Perseguiu os cristãos do império. p. 31

Duclerc, Charles Théodore Eugène (1812-1888): político francês, membro do *National*. p. 93

Dufaure, Jules Armand Stanislas (1798-1881): advogado e político francês; de 1848 a 1851, deputado da Assembleia Nacional Constituinte e Legislativa; ministro do Interior em 1848. p. 77, 80, 126

Dupin, André Marie Jean Jacques (1783-1865): jurista e político francês, orleanista, presidente da Assembleia Legislativa (1849-1851). Posteriormente, tornou-se bonapartista. p. 113, 152

Estancelin, Louis-Charles-Alexandre (1823-1906): político francês. p. 115

As lutas de classes na França de 1848 a 1850

Falloux, Frédéric Alfred Pierre, conde de (1811-1886): político francês legitimista e clerical. Em 1848, deu início à dissolução das oficinas nacionais e inspirou a repressão contra a Insurreição de Junho em Paris. Foi também ministro da Educação (1848-1849). p. 82, 94, 108, 121

Faucher, Léon (1803-1854): político francês, orleanista e economista malthusiano. Foi ministro do Interior. Mais tarde, tornou-se bonapartista. p. 38, 82, 89, 92

Flocon, Ferdinand (1800-1866): jornalista e político francês. p. 43

Fouché, Joseph, duque de Otrante (1759-1820): participou da Revolução Francesa como jacobino. Mais tarde, foi ministro da polícia de Napoleão I. p. 134

Fould, Achille (1800-1867): banqueiro francês, orleanista. Mais tarde, tornou-se bonapartista. Entre 1849 e 1867, foi ministro das Finanças por diversas vezes. p. 54, 73, 86, 122-3, 126-7

Fouquier-Tinville, Antoine-Quentin (1746-1795): foi promotor público no tribunal revolucionário durante a Revolução Francesa. p. 97

Frederico, o Grande (Frederico II) (1712-1786): rei da Prússia a partir de 1740. p. 26

Fritz: ver **Frederico, o Grande.**

Genga, Gabriele della (1801-1861): cardeal durante o papado de Pio IX. p. 116

Girardin, Émile de (1806-1881): jornalista e político francês, redator do jornal *La Presse*. Antes da revolução de 1848 integrava a oposição ao governo de Guizot. Foi deputado na Assembleia Legislativa (1850-1851) e, mais tarde, bonapartista. p. 152

Goudchaux, Michel (1797-1862): banqueiro francês, republicano, foi ministro das Finanças no governo provisório. p. 70

Gourgaud, Gaspard de (1783-1852): militar e historiador francês. Lutou nas Guerras Napoleônicas e acompanhou Napoleão I no exílio em Santa Helena. p. 115

Grandin, Victor (1797-1849): fabricante francês, deputado conservador na Assembleia Constituinte e na Assembleia Legislativa. p. 37

Guilherme I (1797-1888): príncipe da Prússia; rei da Prússia a partir de 1861; imperador alemão a partir de 1871. p. 18

Guinard, Auguste Joseph (1799-1874): político francês, fez parte da Assembleia Constituinte junto ao paritdo da Montanha. Participou das manifestações da Montanha em 1849. p. 142

Guizot, François Pierre Guillaume (1787-1874): historiador e estadista francês. Entre 1840 e 1848, dirigiu a política interna e externa da França. p. 38, 41-2, 63, 74, 82, 91, 115, 121

Habsburgo: dinastia europeia que governou a Áustria desde o século XIII até a extinção da monarquia em 1918. Ramos da dinastia também governaram vários outros territórios europeus ao longo da história, como Boêmia, Croácia, Espanha, Holanda, Hungria, parte da Itália e Portugal, entre outros. Também ocuparam o trono do Segundo Império Mexicano, entre 1864 e 1867. p. 101

Índice onomástico

Haussez, Charles Lemercier de Longpré, barão de (1778-1854): político francês, foi ministro da Marinha em 1829. p. 141

Hautpoul, Alphonse Henri, conde de (1789-1865): general e político francês. Foi ministro da Guerra e presidente do Conselho de Ministros entre 1849 e 1850. Era legitimista, mas tornou-se bonapartista. p. 121, 133, 140, 151, 159-60

Haynau, Julius Jacob, barão de (1786-1853): general austríaco que reprimiu brutalmente os movimentos revolucionários na Itália (1848) e na Hungria (1849). p. 117

Helvécio, Claude-Adrien (1715-1771): filósofo francês, representante do materialismo mecanicista; ateísta; um dos ideólogos da burguesia revolucionária francesa. p. 104

Henrique V: ver **Chambord, Henri Charles Ferdinand Marie Dieudonné d'Artois, duque de Bordeaux, conde de**.

Herwegh, Georg Friedrich (1817-1875): poeta revolucionário alemão. p. 119

Hugo, Victor Marie, conde (1802-1885): escritor francês. Durante a Segunda República, foi deputado nas assembleias Constituinte e Legislativa. p. 120, 153

Jano: deus romano, protetor da casa e mais tarde deus do princípio; é sempre representado com duas cabeças olhando para lados opostos. p. 105

Kant, Immanuel (1724-1804): pensador alemão que definiu o filósofo como "legislador em nome da razão humana", autor de obras seminais como *Crítica da razão pura*, *Crítica da razão prática* e *Crítica do juízo*. p. 122

Köller, Ernst Matthias von (1841-1928): politico alemão, foi ministro do Interior da Prússia entre 1894 e 1895. Instaurou uma perseguição oficial aos sociais-democratas. p. ,31

Kossuth, Lajos (1802-1894): revolucionário húngaro, liderou o movimento de independência da Hungria contra a Áustria em 1848 e 1849 e chefiou o governo revolucionário. Depois que o movimento foi derrotado, correu a Europa e os Estados Unidos. p. 101

Lafitte, Jacques (1767-1844): banqueiro e político francês, orleanista; chefe de governo em 1830-1831. p. 37

Lagarde, Barthélémy (1795-1887): político francês, apoiador da Montanha. p. 133

La Hitte, Jean Ernest Ducos, visconde de (1789-1878): general, ministro da Guerra (1849-1850) sob a presidência de Luís Bonaparte. Foi senador no Segundo Império. p. 141

Lamartine, Marie-Louis-Alphonse de Prat de (1790-1869): poeta, historiador e político francês. Em 1848 foi ministro dos Negócios Estrangeiros e chefe do Governo Provisório. p. 43, 49, 58, 62

Lamourette, Antoine Adrien (1742-1794): político francês, fez parte da Assembleia Nacional Legislativa entre 1791 e 1792. p. 154

Lassalle, Ferdinand (1825-1864): Jurista e ativista político alemão, defensor dos ideais democráticos. Seguidor de Hegel e amigo de Marx, embora não estivessem de acordo a respeito das questões fundamentais de sua época. p. 21

Leclerc, Alexandre (s/d): comerciante e político francês, apoiador do Partido da Ordem. Participou da repressão à Insurreição de Junho em 1848. p. 149

Ledru-Rollin, Alexandre Auguste (1807-1874): político francês. Redator do jornal *La Reforme* e deputado nas assembleias Constituinte e Legislativa, em que chefiou o Partido da Montanha. Posteriormente, exilou-se na Inglaterra. p. 43, 54, 58, 67, 69, 80, 89, 93-5, 102-7, 111, 113, 126, 142, 150

Lemoinne, John (1814-1892): correspondente inglês do *Journal des débats*. p. 153

Lerminier, Jean-Louis-Eugène (1803-1857): jurista e jornalista liberal francês; conservador a partir do fim dos anos 1830. p. 91

l'Eure, Jacques-Charles Dupont de (1822-1872): politico francês, foi presidente do governo provisório de fevereiro a maio de 1848. p. 43

Luís Filipe (1773-1850): duque de Orléans, rei da França (1830 1848). Chamado de "o rei burguês" devido à sua administração abertamente favorável à burguesia. p. 35, 37-40, 42, 73-4, 77, 81, 115, 118-9, 122-4, 126, 156

Luís Napoleão: ver **Napoleão III**.

Luís XIV (1638-1715): rei da França (1643-1715). Conhecido por gastar extravagantemente as finanças francesas em graves períodos de crise. Construiu o palácio de Versalhes e fortaleceu o exército francês. p. 128

Mac-Mahon, Marie Edme Patrice Maurice, conde de, duque de Magenta (1808-1893): oficial e político francês, bonapartista; marechal na guerra franco-prussiana de 1870-1871; preso em Sedan; comandante-maior do exército versalhês; de 1873 a 1879, presidente da Terceira República. p. 18

Marche (s/d): operário que exigiu ao governo provisório a proclamação do direito ao trabalho. p. 45

Marie (de Saint Georges), Alexandre-Pierre-Thomas-Amable (1795-1870): politico francês, republicano moderado. Foi ministro das Obras Públicas e depois ministro da Justiça, ambos em 1848. p. 56

Marrast, Armand (1801-1852): político francês, um dos dirigentes dos republicanos moderados. Redator do jornal *Le National*. Em 1848, foi membro do Governo provisório e presidente da Câmara de Paris. Presidente da Assembleia Constituinte (1848-1849). p. 58, 68, 73, 75-7, 93, 103-4

Mathieu de la Drôme, Philippe Antoine (1808-1865): político francês, foi deputado das assembleias Consituinte e Legislativa, apoiador do Partido da Montanha. Emigrou em 1851. p. 91

Moisés: personagem do Antigo Testamento. p. 126

Molé, Louis-Mathieu, conde (1781-1855): estadista francês, orleanista, primeiro-ministro (1836-1837 e 1837-1839). Durante a Segunda República, foi deputado nas assembleias Constituinte e Legislativa. p. 115-6

Monk, George, duque de Albemarle (1608-1670): general inglês. Colaborou ativamente na restauração da monarquia na Inglaterra em 1660. p. 90

Índice onomástico

Montalembert, Charles-Forbes-René, conde de (1810-1870): jornalista, historiador e político francês. Durante a Segunda República, foi deputado nas assembleias Constituinte e Legislativa. Foi orleanista e chefe do partido católico. p. 127-8, 151

Napoleão I Bonaparte (1769-1821): Dirigente efetivo da França a partir de 1799 e imperador de 1804 a 1814 e 1815. p. 74, 83, 102, 115, 128, 133, 134, 159-60

Napoleão III [Luís Napoleão Bonaparte] (1808-1873): nascido Charles Louis Napoléon Bonaparte (1808-1873) – sobrinho de Napoleão I, presidente da Segunda República de 1848 a 1852; foi imperador da França de 1852 a 1870. p. 11, 17-8, 39, 73, 78-88, 90-1, 94-5, 100, 102, 105-7, 117, 119-21, 127-9, 134-6, 139-42, 153-61

Neumayer, Maximilien Georges Joseph (1789-1866): general francês ligado ao Partido da Ordem. p. 160-1

Ney, Edgar (1812-1882): Oficial francês bonapartista, ajudante de ordens do presidente Luís Bonaparte. p. 119

Nicolau I (1796-1855): czar da Rússia de 1825 a 1855. Em 1825, sucedendo no trono seu irmão Alexandre I, reprimiu duramente a Revolução de Dezembro, organizada para impedir sua ascensão ao trono. p. 27

Orfeu: personagem da mitologia grega, era capaz de encantar qualquer ser vivo com sua música. p. 104

Orlando: nome italiano de Rolando, personagem recorrente nos épicos medievais. Suposto sobrinho de Carlos Magno, teria morrido em luta contra os mouros. *Orlando furioso* é um épico italiano do século XVI, escrito por Ludovico Ariosto. p. 86

Orléans: dinastia de reis franceses (1830-1848), do mais novo ramo dos Bourbons. p. 59, 98, 120

Orléans, Helena, duquesa de (1814-1858): viúva de Fernando, filho mais velho de Luís Filipe. p. 119

Oudinot, Nicolas Charles Victor (1791-1863): general francês, orleanista. Em 1849, comandou as tropas enviadas contra a República de Roma. Tentou organizar a resistência contra o golpe de Estado de 2 de dezembro de 1851. p. 96, 105-6

Pagnerre, Laurent Antoine (1805-1854): editor francês, republicano, foi parte da Assembleia Constituinte em 1848, apoiando a Montanha. p. 93

Parmentier, Antoine-Augustin (1737-1813): agrônomo, farmacêutico e filantropo francês, autor de trabalhos sobre agricultura. p. 126

Passy, Hippolyte Philibert (1793-1880): economista francês, foi ministro várias vezes, incluindo ministro das Finanças durante a Segunda República. p. 119, 126

Pio IX (1792-1878): papa católico entre 1849 e 1878. p. 94, 116

Platão (427 a. C.-347 a. C.): em princípio, a obra filosófica de Platão pode ser considerada uma continuação da obra socrática, na medida em que os chamados diálogos de juventude são tanto elaborações do pensamento socrático como exposição dos diálogos de Sócrates com seus amigos, discípulos e adversários. Neles, sobretudo, Platão se opõe ao relativismo dos sofistas. Sua principal doutrina filosófica é a teoria das ideias. Estas aparecem como verdade das coisas, pois trata-se de verdades que a alma possui de maneira inata. p. 76

Proudhon, Pierre-Joseph (1809-1865): filósofo político e econômico francês, considerado um dos mais influentes autores anarquistas. p. 147

Pyat, Félix (1810-1889): jornalista, dramaturgo e político francês; participou da Revolução de 1848; fugiu para a Suíça em 1849, depois para a Bélgica e Inglaterra; em 1869, retornou à França; adversário de um movimento operário independente; até março, deputado da Assembleia Nacional de 1871; redator dos jornais Le Combat e Le Vengeur; combateu a capitulação do regime de Thiers; membro da Comuna de Paris; fugiu para Londres; em 1873, condenado à morte em ausência, em Paris; retornou à França após a anistia de 1880. p. 113

Raspail, François-Vincent (1794-1878): naturalista, químico e sanitarista francês. Foi preso durante o reinado de Luís Filipe por participar de um grupo republicano. Em 1848, foi candidato a presidência da república e ficou em quarto lugar. Foi preso novamente durante as manifestações de 15 de maio de 1848. Em 1853, sua sentença foi transformada em exílio, do qual voltou em 1862. Elegeu-se deputado em 1869, foi defensor de melhoras no saneamento e um dos pioneiros da teoria celular. p. 44, 58, 61, 73, 80, 89

Rateau, Jean Pierre (1800-1887): advogado francês, bonapartista. Durante a Segunda República, foi deputado nas assembleias Constituinte e Legislativa. p. 86-7, 91

Robespierre, Maximilien de (1758-1794): político, advogado e revolucionário francês. Uma das figuras centrais da Revolução Francesa. p. 74

La Rochejaquelein, Henri Auguste Georges du Vergier, marquês de (1805-1867): eleito deputado em 1842, tornou-se um dos chefes do partido legitimista. Após a revolução de 1848, apoiou a república como deputado na Assembleia Constituinte e, posteriormente, na Assembleia Legislativa. Protestou contra o golpe de Estado de 2 de dezembro de 1851. Mais tarde, apoiou o Império e tornou-se senador. p. 45, 157

Rössler, Konstantin (1820-1896): publicista alemão, foi dirigente do bureau oficioso literário em Berlim (1877-1892). p. 30

Rothschild, Lionel Nathan, Barão (1808-1879): chefe da casa bancária homônima em Londres. p. 40

Sansão: na mitologia judaico-cristã, esteve à frente dos israelitas contra os filisteus. Tinha força sobrenatural, que acabou quando seu cabelo foi cortado. p. 110

Saul (c. XI a. C.): primeiro rei de Israel. p. 78

Sébastiani, Horace François Bastien, conde de La Porta (1775-1851): marechal francês, ocupou vários ministérios, inclusive o de Negócios Estrangeiros de 1830 a 1832. p. 63

Ségur d'Aguesseau, Raymond Paul, conde de (1803-1889): jurista e político francês. p. 141

Soulouque, Faustin-Élie (1782?-1867): eleito presidente do Haiti em 1847, proclamou-se imperador em 1849, adotando o nome de Faustino I. p. 83, 134, 139

Índice onomástico

Sue, Eugène (1804-1857): escritor francês; autor de romances-folhetins que abordam aspectos sensacionalistas da vida urbana. Suas obras, malgrado a ingenuidade econômica e o tom melodramático, situam-se entre as primeiras a abordar os problemas sociais decorrentes da revolução industrial na França. Os romances de Sue demonstram algumas tendências socialistas, e o mais característico nesse sentido é *Les Mystères de Paris* (Os mistérios de Paris, 1842-1843). Após participar da revolução liberal de 1848, Eugène Sue foi eleito deputado socialista em 1850. Em 1851, em consequência da oposição ao golpe de Estado de Luís Napoleão, exilou-se em Annecy, na Savóia, então independente da França. p. 135, 149-50, 152

Teste, Charles (?-1848): comunista utópico francês, adepto de Babeuf, participou do movimento republicano na época da monarquia de julho. p. 126

Thiers, Marie Joseph Louis Adolphe (1797-1877): político e historiador francês, orleanista; ministro de 1832-1834, primeiro-ministro em 1836-1840; em 1848, deputado da Assembleia Nacional Constituinte; em 1871, chefe do poder Executivo; de 1871-1873, presidente da Terceira República. p. 18, 115, 119, 122, 135, 151, 154

Toussaint-Louverture, François Dominique (1743-1803): o maior líder da revolução haitiana, tendo sido depois governador de Saint-Domingue, antigo nome do Haiti. p. 83

Trélat, Ulysse (1795-1879): político francês. p. 60

Vanicelli-Casoni, Luigi (1801-1877): cardeal durante o papado de Pio IX. p. 116

Vauban, Sébastien le Prestre, marquês de (1633-1707): marechal e engenheiro militar francês, crítico do sistema fiscal da época. p. 128

Vidal, François (1812-1872): socialista, secretário geral da Comissão de Luxemburgo de 1848. Em colaboração com Pecqueur, redigiu o relatório dessa comissão. Eleito para a Assembleia Legislativa nas eleições de 10 de março de 1850. p. 140, 142, 149

Vivien, Alexandre François Auguste (1799-1854): advogado e político francês; orleanista; ministro da Justiça em 1840; ministro para Obras Públicas no governo Cavaignac. p. 77

Voltaire [François-Marie Arouet] (1694-1778): filósofo deísta, escritor e historiador francês, principal representante do Iluminismo burguês. p. 118

Wellington, Arthur Wellesley, primeiro duque de (1769-1852): um dos generais que na Batalha de Waterloo derrotaram Napoleão. p. 115

CRONOLOGIA RESUMIDA DE MARX E ENGELS

	Karl Marx	**Friedrich Engels**	**Fatos históricos**
1818	Em Trier (capital da província alemã do Reno), nasce Karl Marx (5 de maio), o segundo de oito filhos de Heinrich Marx e de Enriqueta Pressburg. Trier na época era influenciada pelo liberalismo revolucionário francês e pela reação ao Antigo Regime, vinda da Prússia.		Simón Bolívar declara a Venezuela independente da Espanha.
1820		Nasce Friedrich Engels (28 de novembro), primeiro dos oito filhos de Friedrich Engels e Elizabeth Franziska Mauritia van Haar, em Barmen, Alemanha. Cresce no seio de uma família de industriais religiosa e conservadora.	George IV se torna rei da Inglaterra, pondo fim à Regência. Insurreição constitucionalista em Portugal.
1824	O pai de Marx, nascido Hirschel, advogado e conselheiro de Justiça, é obrigado a abandonar o judaísmo por motivos profissionais e políticos (os judeus estavam proibidos de ocupar cargos públicos na Renânia). Marx entra para o Ginásio de Trier (outubro).		Simón Bolívar se torna chefe do Executivo do Peru.
1830	Inicia seus estudos no Liceu Friedrich Wilhelm, em Trier.		Estouram revoluções em diversos países europeus. A população de Paris insurge-se contra a promulgação de leis que dissolvem a Câmara e suprimem a liberdade de imprensa. Luís Filipe assume o poder.
1831			Morre Hegel.

Cronologia resumida

	Karl Marx	Friedrich Engels	Fatos históricos
1834		Engels ingressa, em outubro, no Ginásio de Elberfeld.	A escravidão é abolida no Império Britânico. Insurreição operária em Lyon.
1835	Escreve *Reflexões de um jovem perante a escolha de sua profissão*. Presta exame final de bacharelado em Trier (24 de setembro). Inscreve-se na Universidade de Bonn.		Revolução Farroupilha, no Brasil. O Congresso alemão faz moção contra o movimento de escritores Jovem Alemanha.
1836	Estuda Direito na Universidade de Bonn. Participa do Clube de Poetas e de associações de estudantes. No verão, fica noivo em segredo de Jenny von Westphalen, sua vizinha em Trier. Em razão da oposição entre as famílias, casar-se-iam apenas sete anos depois. Matricula-se na Universidade de Berlim.	Na juventude, fica impressionado com a miséria em que vivem os trabalhadores das fábricas de sua família. Escreve *Poema*.	Fracassa o golpe de Luís Napoleão em Estrasburgo. Criação da Liga dos Justos.
1837	Transfere-se para a Universidade de Berlim e estuda com mestres como Gans e Savigny. Escreve *Canções selvagens* e *Transformações*. Em carta ao pai, descreve sua relação contraditória com o hegelianismo, doutrina predominante na época.	Por insistência do pai, Engels deixa o ginásio e começa a trabalhar nos negócios da família. Escreve *História de um pirata*.	A rainha Vitória assume o trono na Inglaterra.
1838	Entra para o Clube dos Doutores, encabeçado por Bruno Bauer. Perde o interesse pelo Direito e entrega-se com paixão ao estudo da Filosofia, o que lhe compromete a saúde. Morre seu pai.	Estuda comércio em Bremen. Começa a escrever ensaios literários e sociopolíticos, poemas e panfletos filosóficos em periódicos como o *Hamburg Journal* e o *Telegraph für Deutschland*, entre eles o poema "O beduíno" (setembro), sobre o espírito da liberdade.	Richard Cobden funda a Anti-Corn-Law-League, na Inglaterra. Proclamação da Carta do Povo, que originou o cartismo.
1839		Escreve o primeiro trabalho de envergadura, *Briefe aus dem Wupperthal* [Cartas de Wupperthal], sobre a vida operária em Barmen e na vizinha Elberfeld (*Telegraph für Deutschland*, primavera). Outros viriam, como *Literatura popular alemã*, *Karl Beck* e *Memorabilia de Immermann*. Estuda a filosofia de Hegel.	Feuerbach publica Zur Kritik der Hegelschen Philosophie [Crítica da filosofia hegeliana]. Primeira proibição do trabalho de menores na Prússia. Auguste Blanqui lidera o frustrado levante de maio, na França.
1840	K. F. Koeppen dedica a Marx o seu estudo *Friedrich der Grosse und seine Widersacher* [Frederico, o Grande, e seus adversários].	Engels publica *Réquiem para o Aldeszeitung alemão* (abril), *Vida literária moderna*, no *Mitternachtzeitung* (março-maio) e *Cidade natal de Siegfried* (dezembro).	Proudhon publica *O que é a propriedade?* [*Qu'est-ce que la propriété?*].

As lutas de classes na França de 1848 a 1850

	Karl Marx	**Friedrich Engels**	**Fatos históricos**
1841	Com uma tese sobre as diferenças entre as filosofias de Demócrito e Epicuro, Marx recebe em Iena o título de doutor em Filosofia (15 de abril). Volta a Trier. Bruno Bauer, acusado de ateísmo, é expulso da cátedra de Teologia da Universidade de Bonn, com isso Marx perde a oportunidade de atuar como docente nessa universidade.	Publica *Ernst Moritz Arndt*. Seu pai o obriga a deixar a escola de comércio para dirigir os negócios da família. Engels prosseguiria sozinho seus estudos de filosofia, religião, literatura e política. Presta o serviço militar em Berlim por um ano. Frequenta a Universidade de Berlim como ouvinte e conhece os jovens hegelianos. Critica intensamente o conservadorismo na figura de Schelling, com os escritos *Schelling em Hegel*, *Schelling e a revelação* e *Schelling, filósofo em Cristo*.	Feuerbach traz a público *A essência do cristianismo* [*Das Wesen des Christentums*]. Primeira lei trabalhista na França.
1842	Elabora seus primeiros trabalhos como publicista. Começa a colaborar com o jornal *Rheinische Zeitung* [Gazeta Renana], publicação da burguesia em Colônia, do qual mais tarde seria redator. Conhece Engels, que na ocasião visitava o jornal.	Em Manchester, assume a fiação do pai, a Ermen & Engels. Conhece Mary Burns, jovem trabalhadora irlandesa, que viveria com ele até a morte. Mary e a irmã Lizzie mostram a Engels as dificuldades da vida operária, e ele inicia estudos sobre os efeitos do capitalismo no operariado inglês. Publica artigos no *Rheinische Zeitung*, entre eles "Crítica às leis de imprensa prussianas" e "Centralização e liberdade".	Eugène Sue publica *Os mistérios de Paris*. Feuerbach publica *Vorläufige Thesen zur Reform der Philosophie* [Teses provisórias para uma reforma da filosofia]. O Ashley's Act proíbe o trabalho de menores e mulheres em minas na Inglaterra.
1843	Sob o regime prussiano, é fechado o *Rheinische Zeitung*. Marx casa-se com Jenny von Westphalen. Recusa convite do governo prussiano para ser redator no diário oficial. Passa a lua de mel em Kreuznach, onde se dedica ao estudo de diversos autores, com destaque para Hegel. Redige os manuscritos que viriam a ser conhecidos como *Crítica da filosofia do direito de Hegel* [*Zur Kritik der Hegelschen Rechtsphilosophie*]. Em outubro vai a Paris, onde Moses Hess e George Herwegh o apresentam às sociedades secretas socialistas e comunistas e às associações operárias alemãs. Conclui *Sobre a questão judaica* [*Zur Judenfrage*]. Substitui Arnold Ruge na direção dos *Deutsch-Französische Jahrbücher* [Anais Franco-Alemães]. Em dezembro inicia grande amizade com Heinrich Heine e conclui sua "Crítica da filosofia do direito de Hegel – Introdução" [*Zur Kritik der Hegelschen Rechtsphilosophie – Einleitung*]	Engels escreve, com Edgar Bauer, o poema satírico "Como a Bíblia escapa milagrosamente a um atentado impudente ou O triunfo da fé", contra o obscurantismo religioso. O jornal *Schweuzerisher Republicaner* publica suas "Cartas de Londres". Em Bradford, conhece o poeta G. Weerth. Começa a escrever para a imprensa cartista. Mantém contato com a Liga dos Justos. Ao longo desse período, suas cartas à irmã favorita, Marie, revelam seu amor pela natureza e por música, livros, pintura, viagens, esporte, vinho, cerveja e tabaco.	Feuerbach publica *Grundsätze der Philosophie der Zukunft* [Princípios da filosofia do futuro].

Cronologia resumida

	Karl Marx	**Friedrich Engels**	**Fatos históricos**
1844	Em colaboração com Arnold Ruge, elabora e publica o primeiro e único volume dos *Deutsch-Französische Jahrbücher*, no qual participa com dois artigos: "A questão judaica" e "Introdução a uma crítica da filosofia do direito de Hegel". Escreve os *Manuscritos econômico-filosóficos* [*Ökonomisch-philosophische Manuskripte*]. Colabora com o *Vorwärts!* [Avante!], órgão de imprensa dos operários alemães na emigração. Conhece a Liga dos Justos, fundada por Weitling. Amigo de Heine, Leroux, Blanc, Proudhon e Bakunin, inicia em Paris estreita amizade com Engels. Nasce Jenny, primeira filha de Marx. Rompe com Ruge e desliga-se dos *Deutsch-Französische Jahrbücher*. O governo decreta a prisão de Marx, Ruge, Heine e Bernays pela colaboração nos *Deutsch-Französische Jahrbücher*. Encontra Engels em Paris e em dez dias planejam seu primeiro trabalho juntos, *A sagrada família* [*Die heilige Familie*]. Marx publica no *Vorwärts!* artigo sobre a greve na Silésia.	Em fevereiro, Engels publica *Esboço para uma crítica da economia política* [*Umrisse zu einer Kritik der Nationalökonomie*], texto que influenciou profundamente Marx. Segue à frente dos negócios do pai, escreve para os *Deutsch-Französische Jahrbücher* e colabora com o jornal *Vorwärts!*. Deixa Manchester. Em Paris, torna-se amigo de Marx, com quem desenvolve atividades militantes, o que os leva a criar laços cada vez mais profundos com as organizações de trabalhadores de Paris e Bruxelas. Vai para Barmen.	O Graham's Factory Act regula o horário de trabalho para menores e mulheres na Inglaterra. Fundado o primeiro sindicato operário na Alemanha. Insurreição de operários têxteis na Silésia e na Boêmia.
1845	Por causa do artigo sobre a greve na Silésia, a pedido do governo prussiano Marx é expulso da França, juntamente com Bakunin, Bürgers e Bornstedt. Muda-se para Bruxelas e, em colaboração com Engels, escreve e publica em Frankfurt *A sagrada família*. Ambos começam a escrever *A ideologia alemã* [*Die deutsche Ideologie*] e Marx elabora "As teses sobre Feuerbach" [*Thesen über Feuerbach*]. Em setembro nasce Laura, segunda filha de Marx e Jenny. Em dezembro, ele renuncia à nacionalidade prussiana.	As observações de Engels sobre a classe trabalhadora de Manchester, feitas anos antes, formam a base de uma de suas obras principais, *A situação da classe trabalhadora na Inglaterra* [*Die Lage der arbeitenden Klasse in England*] (publicada primeiramente em alemão; a edição seria traduzida para o inglês 40 anos mais tarde). Em Barmen organiza debates sobre as ideias comunistas junto com Hess e profere os *Discursos de Elberfeld*. Em abril sai de Barmen e encontra Marx em Bruxelas. Juntos, estudam economia e fazem uma breve visita a Manchester (julho e agosto), onde percorrem alguns jornais locais, como o *Manchester Guardian* e o *Volunteer Journal for Lancashire and Cheshire*. Lançada *A situação da classe trabalhadora na Inglaterra*, em Leipzig. Começa sua vida em comum com Mary Burns.	Criada a organização internacionalista Democratas Fraternais, em Londres. Richard M. Hoe registra a patente da primeira prensa rotativa moderna.
1846	Marx e Engels organizam em Bruxelas o primeiro Comitê de Correspondência da Liga dos Justos,	Seguindo instruções do Comitê de Bruxelas, Engels estabelece estreitos contatos com socialistas e	Os Estados Unidos declaram guerra ao México. Rebelião

As lutas de classes na França de 1848 a 1850

Karl Marx

uma rede de correspondentes comunistas em diversos países, a qual Proudhon se nega a integrar. Em carta a Annenkov, Marx critica o recém-publicado *Sistema das contradições econômicas ou Filosofia da miséria* [*Système des contradictions économiques ou Philosophie de la misère*], de Proudhon. Redige com Engels a *Zirkular gegen Kriege* [Circular contra Kriege], crítica a um alemão emigrado dono de um periódico socialista em Nova York. Por falta de editor, Marx e Engels desistem de publicar *A ideologia alemã* (a obra só seria publicada em 1932, na União Soviética). Em dezembro nasce Edgar, o terceiro filho de Marx.

1847 Filia-se à Liga dos Justos, em seguida nomeada Liga dos Comunistas. Realiza-se o primeiro congresso da associação em Londres (junho), ocasião em que se encomenda a Marx e Engels um manifesto dos comunistas. Eles participam do congresso de trabalhadores alemães em Bruxelas e, juntos, fundam a Associação Operária Alemã de Bruxelas. Marx é eleito vice-presidente da Associação Democrática. Conclui e publica a edição francesa de *Miséria da filosofia* [*Misère de la philosophie*] (Bruxelas, julho).

1848 Marx discursa sobre o livre-cambismo numa das reuniões da Associação Democrática. Com Engels publica, em Londres (fevereiro), o *Manifesto Comunista*. O governo revolucionário francês, por meio de Ferdinand Flocon, convida Marx a morar em Paris depois que o governo belga o expulsa de Bruxelas. Redige com Engels "Reivindicações do Partido Comunista da Alemanha" [*Forderungen der Kommunistischen Partei in Deutschland*] e organiza o regresso dos membros alemães da Liga dos Comunistas à pátria. Com sua família e com Engels, muda-se em fins de maio para Colônia, onde ambos fundam o jornal *Neue Rheinische Zeitung* [Nova Gazeta Renana], cuja primeira edição é

Friedrich Engels

comunistas franceses. No outono, ele se desloca para Paris com a incumbência de estabelecer novos comitês de correspondência. Participa de um encontro de trabalhadores alemães em Paris, propagando ideias comunistas e discorrendo sobre a utopia de Proudhon e o socialismo real de Karl Grün.

Engels viaja a Londres e participa com Marx do I Congresso da Liga dos Justos. Publica *Princípios do comunismo* [*Grundsätze des Kommunismus*], uma "versão preliminar" do *Manifesto Comunista* [*Manifest der Kommunistischen Partei*]. Em Bruxelas, junto com Marx, participa da reunião da Associação Democrática, voltando em seguida a Paris para mais uma série de encontros. Depois de atividades em Londres, volta a Bruxelas e escreve, com Marx, o *Manifesto Comunista*.

Expulso da França por suas atividades políticas, chega a Bruxelas no fim de janeiro. Juntamente com Marx, toma parte na insurreição alemã, de cuja derrota falaria quatro anos depois em *Revolução e contrarrevolução na Alemanha* [*Revolution und Konterevolution in Deutschland*]. Engels exerce o cargo de editor do *Neue Rheinische Zeitung*, recém-criado por ele e Marx. Participa, em setembro, do Comitê de Segurança Pública criado para rechaçar a contrarrevolução, durante grande ato popular promovido pelo *Neue Rheinische Zeitung*. O periódico sofre suspensões, mas prossegue ativo. Procurado pela polícia, tenta se exilar na Bélgica, onde é preso e

Fatos históricos

polonesa em Cracóvia. Crise alimentar na Europa. Abolidas, na Inglaterra, as "leis dos cereais".

A Polônia torna-se província russa. Guerra civil na Suíça. Realiza-se em Londres, o II Congresso da Liga dos Comunistas (novembro).

Definida, na Inglaterra, a jornada de dez horas para menores e mulheres na indústria têxtil. Criada a Associação Operária, em Berlim. Fim da escravidão na Áustria. Abolição da escravidão nas colônias francesas. Barricadas em Paris: eclode a revolução; o rei Luís Filipe abdica e a República é proclamada. A revolução se alastra pela Europa. Em junho, Blanqui lidera novas insurreições

Cronologia resumida

	Karl Marx	**Friedrich Engels**	**Fatos históricos**
	publicada em 1º de junho com o subtítulo *Organ der Demokratie*. Marx começa a dirigir a Associação Operária de Colônia e acusa a burguesia alemã de traição. Proclama o terrorismo revolucionário como único meio de amenizar "as dores de parto" da nova sociedade. Conclama ao boicote fiscal e à resistência armada.	depois expulso. Muda-se para a Suíça.	operárias em Paris, brutalmente reprimidas pelo general Cavaignac. Decretado estado de sítio em Colônia em reação a protestos populares. O movimento revolucionário reflui.
1849	Marx e Engels são absolvidos em processo por participação nos distúrbios de Colônia (ataques a autoridades publicados no *Neue Rheinische Zeitung*). Ambos defendem a liberdade de imprensa na Alemanha. Marx é convidado a deixar o país, mas ainda publicaria *Trabalho assalariado e capital* [*Lohnarbeit und Kapital*]. O periódico, em difícil situação, é extinto (maio). Marx, em condição financeira precária (vende os próprios móveis para pagar as dívidas), tenta voltar a Paris, mas, impedido de ficar, é obrigado a deixar a cidade em 24 horas. Graças a uma campanha de arrecadação de fundos promovida por Ferdinand Lassalle na Alemanha, Marx se estabelece com a família em Londres, onde nasce Guido, seu quarto filho (novembro).	Em janeiro, Engels retorna a Colônia. Em maio, toma parte militarmente na resistência à reação. À frente de um batalhão de operários, entra em Elberfeld, motivo pelo qual sofre sanções legais por parte das autoridades prussianas, enquanto Marx é convidado a deixar o país. Publicado o último número do *Neue Rheinische Zeitung*. Marx e Engels vão para o sudoeste da Alemanha, onde Engels envolve-se no levante de Baden-Palatinado, antes de seguir para Londres.	Proudhon publica *Les confessions d'un révolutionnaire*. A Hungria proclama sua independência da Áustria. Após período de refluxo, reorganiza-se no fim do ano, em Londres, o Comitê Central da Liga dos Comunistas, com a participação de Marx e Engels.
1850	Ainda em dificuldades financeiras, organiza a ajuda aos emigrados alemães. A Liga dos Comunistas reorganiza as sessões locais e é fundada a Sociedade Universal dos Comunistas Revolucionários, cuja liderança logo se fraciona. Edita em Londres a *Neue Rheinische Zeitung* [Nova Gazeta Renana], revista de economia política, bem como *Lutas de classe na França* [*Die Klassenkämpfe in Frankreich*]. Morre o filho Guido.	Publica *A guerra dos camponeses na Alemanha* [*Der deutsche Bauernkrieg*]. Em novembro, retorna a Manchester, onde viverá por vinte anos, e às suas atividades na Ermen & Engels; o êxito nos negócios possibilita ajudas financeiras a Marx.	Abolição do sufrágio universal na França.
1851	Continua em dificuldades, mas, graças ao êxito dos negócios de Engels em Manchester, conta com ajuda financeira. Dedica-se intensamente aos estudos de economia na biblioteca do Museu Britânico. Aceita o convite de trabalho do *New York Daily Tribune*, mas é Engels quem envia os primeiros textos, intitulados	Engels, juntamente com Marx, começa a colaborar com o Movimento Cartista [Chartist Movement]. Estuda língua, história e literatura eslava e russa.	Na França, golpe de Estado de Luís Bonaparte. Realização da primeira exposição universal, em Londres.

As lutas de classes na França de 1848 a 1850

	Karl Marx	**Friedrich Engels**	**Fatos históricos**
	"Contrarrevolução na Alemanha", publicados sob a assinatura de Marx. Hermann Becker publica em Colônia o primeiro e único tomo dos *Ensaios escolhidos de Marx*. Nasce Francisca (28 de março), quinta de seus filhos.		
1852	Envia ao periódico *Die Revolution*, de Nova York, uma série de artigos sobre *O 18 de brumário de Luís Bonaparte* [*Der achtzehnte Brumaire des Louis Bonaparte*]. Sua proposta de dissolução da Liga dos Comunistas é acolhida. A difícil situação financeira é amenizada com o trabalho para o *New York Daily Tribune*. Morre a filha Francisca, nascida um ano antes.	Publica *Revolução e contrarrevolução na Alemanha* [*Revolution und Konterevolution in Deutschland*]. Com Marx, elabora o panfleto *O grande homem do exílio* [*Die grossen Männer des Exils*] e uma obra, hoje desaparecida, chamada *Os grandes homens oficiais da Emigração*; nela, atacam os dirigentes burgueses da emigração em Londres e defendem os revolucionários de 1848-9. Expõem, em cartas e artigos conjuntos, os planos do governo, da polícia e do judiciário prussianos, textos que teriam grande repercussão.	Luís Bonaparte é proclamado imperador da França, com o título de Napoleão Bonaparte III.
1853	Marx escreve, tanto para o *New York Daily Tribune* quanto para o *People's Paper*, inúmeros artigos sobre temas da época. Sua precária saúde o impede de voltar aos estudos econômicos interrompidos no ano anterior, o que faria somente em 1857. Retoma a correspondência com Lassalle.	Escreve artigos para o *New York Daily Tribune*. Estuda o persa e a história dos países orientais. Publica, com Marx, artigos sobre a Guerra da Crimeia.	A Prússia proíbe o trabalho para menores de 12 anos.
1854	Continua colaborando com o *New York Daily Tribune*, dessa vez com artigos sobre a revolução espanhola.		
1855	Começa a escrever para o *Neue Oder Zeitung*, de Breslau, e segue como colaborador do *New York Daily Tribune*. Em 16 de janeiro nasce Eleanor, sua sexta filha, e em 6 de abril morre Edgar, o terceiro.	Escreve uma série de artigos para o periódico *Putman*.	Morte de Nicolau I, na Rússia, e ascensão do tsar Alexandre II.
1856	Ganha a vida redigindo artigos para jornais. Discursa sobre o progresso técnico e a revolução proletária em uma festa do *People's Paper*. Estuda a história e a civilização dos povos eslavos. A esposa Jenny recebe uma herança da mãe, o que permite que a família mude para um apartamento mais confortável.	Acompanhado da mulher, Mary Burns, Engels visita a terra natal dela, a Irlanda.	Morrem Max Stirner e Heinrich Heine. Guerra franco-inglesa contra a China.
1857	Retoma os estudos sobre economia política, por considerar iminente nova crise econômica europeia.	Adoece gravemente em maio. Analisa a situação no Oriente Médio, estuda a questão eslava e	O divórcio, sem necessidade de aprovação

Cronologia resumida

	Karl Marx	**Friedrich Engels**	**Fatos históricos**
	Fica no Museu Britânico das nove da manhã às sete da noite e trabalha madrugada adentro. Só descansa quando adoece e aos domingos, nos passeios com a família em Hampstead. O médico o proíbe de trabalhar à noite. Começa a redigir os manuscritos que viriam a ser conhecidos como *Grundrisse der Kritik der Politischen Ökonomie* [Esboços de uma crítica da economia política], e que servirão de base à obra *Para a crítica da economia política* [*Zur Kritik der Politischen Ökonomie*]. Escreve a célebre *Introdução de 1857*. Continua a colaborar no *New York Daily Tribune*. Escreve artigos sobre Jean-Baptiste Bernadotte, Simón Bolívar, Gebhard Blücher e outros na *New American Encyclopaedia* [Nova Enciclopédia Americana]. Atravessa um novo período de dificuldades financeiras e tem um novo filho, natimorto.	aprofunda suas reflexões sobre temas militares. Sua contribuição para a *New American Encyclopaedia* [Nova Enciclopédia Americana], versando sobre as guerras, faz de Engels um continuador de Von Clausewitz e um precursor de Lenin e Mao Tsé-Tung. Continua trocando cartas com Marx, discorrendo sobre a crise na Europa e nos Estados Unidos.	parlamentar, se torna legal na Inglaterra.
1858	O *New York Daily Tribune* deixa de publicar alguns de seus artigos. Marx dedica-se à leitura de *Ciência da lógica* [*Wissenschaft der Logik*] de Hegel. Agravam-se os problemas de saúde e a penúria.	Engels dedica-se ao estudo das ciências naturais.	Morre Robert Owen.
1859	Publica em Berlim *Para a crítica da economia política*. A obra só não fora publicada antes porque não havia dinheiro para postar o original. Marx comentaria: "Seguramente é a primeira vez que alguém escreve sobre o dinheiro com tanta falta dele". O livro, muito esperado, foi um fracasso. Nem seus companheiros mais entusiastas, como Liebknecht e Lassalle, o compreenderam. Escreve mais artigos no *New York Daily Tribune*. Começa a colaborar com o periódico londrino *Das Volk*, contra o grupo de Edgar Bauer. Marx polemiza com Karl Vogt (a quem acusa de ser subsidiado pelo bonapartismo), Blind e Freiligrath.	Faz uma análise, junto com Marx, da teoria revolucionária e suas táticas, publicada em coluna do *Das Volk*. Escreve o artigo "Po und Rhein" [Pó e Reno], em que analisa o bonapartismo e as lutas liberais na Alemanha e na Itália. Enquanto isso, estuda gótico e inglês arcaico. Em dezembro, lê o recém-publicado *A origem das espécies* [*The Origin of Species*], de Darwin.	A França declara guerra à Áustria.
1860	Vogt começa uma série de calúnias contra Marx, e as querelas chegam aos tribunais de Berlim e Londres.	Engels vai a Barmen para o sepultamento de seu pai (20 de março). Publica a brochura *Savoia, Nice e o Reno* [*Savoyen, Nizza und der Rhein*], polemizando com	Giuseppe Garibaldi toma Palermo e Nápoles.

As lutas de classes na França de 1848 a 1850

	Karl Marx	**Friedrich Engels**	**Fatos históricos**
	Marx escreve *Herr Vogt* [Senhor Vogt].	Lassalle. Continua escrevendo para vários periódicos, entre eles o *Allgemeine Militar Zeitung*. Contribui com artigos sobre o conflito de secessão nos Estados Unidos no *New York Daily Tribune* e no jornal liberal *Die Presse*.	
1861	Enfermo e depauperado, Marx vai à Holanda, onde o tio Lion Philiph concorda em adiantar-lhe uma quantia, por conta da herança de sua mãe. Volta a Berlim e projeta com Lassalle um novo periódico. Reencontra velhos amigos e visita a mãe em Trier. Não consegue recuperar a nacionalidade prussiana. Regressa a Londres e participa de uma ação em favor da libertação de Blanqui. Retoma seus trabalhos científicos e a colaboração com o *New York Daily Tribune* e o *Die Presse* de Viena.		Guerra civil norte--americana. Abolição da servidão na Rússia.
1862	Trabalha o ano inteiro em sua obra científica e encontra-se várias vezes com Lassalle para discutirem seus projetos. Em suas cartas a Engels, desenvolve uma crítica à teoria ricardiana sobre a renda da terra. O *New York Daily Tribune*, justificando-se com a situação econômica interna norte-americana, dispensa os serviços de Marx, o que reduz ainda mais seus rendimentos. Viaja à Holanda e a Trier, e novas solicitações ao tio e à mãe são negadas. De volta a Londres, tenta um cargo de escrevente da ferrovia, mas é reprovado por causa da caligrafia.		Nos Estados Unidos, Lincoln decreta a abolição da escravatura. O escritor Victor Hugo publica *Les misérables* [Os miseráveis].
1863	Marx continua seus estudos no Museu Britânico e se dedica também à matemática. Começa a redação definitiva de *O capital* [*Das Kapital*] e participa de ações pela independência da Polônia. Morre sua mãe (novembro), deixando-lhe algum dinheiro como herança.	Morre, em Manchester, Mary Burns, companheira de Engels (6 de janeiro). Ele permaneceria morando com a cunhada Lizzie. Esboça, mas não conclui, um texto sobre rebeliões camponesas.	
1864	Malgrado a saúde, continua a trabalhar em sua obra científica. É convidado a substituir Lassalle (morto em duelo) na Associação Geral dos Operários Alemães. O cargo, entretanto, é ocupado por Becker. Apresenta o projeto e o estatuto de uma Associação	Engels participa da fundação da Associação Internacional dos Trabalhadores, depois conhecida como a Primeira Internacional. Torna-se coproprietário da Ermen & Engels. No segundo semestre, contribui, com Marx, para o *Sozial-Demokrat*, periódico da	Dühring traz a público seu *Kapital und Arbeit* [Capital e trabalho]. Fundação, na Inglaterra, da Associação Internacional dos Trabalhadores.

Cronologia resumida

	Karl Marx	**Friedrich Engels**	**Fatos históricos**
	Internacional dos Trabalhadores, durante encontro internacional no Saint Martin's Hall de Londres. Marx elabora o Manifesto de Inauguração da Associação Internacional dos Trabalhadores.	social-democracia alemã que populariza as ideias da Internacional na Alemanha.	Reconhecido o direito a férias na França. Morre Wilhelm Wolff, amigo íntimo de Marx, a quem é dedicado *O capital*.
1865	Conclui a primeira redação de *O capital* e participa do Conselho Central da Internacional (setembro), em Londres. Marx escreve *Salário, preço e lucro* [*Lohn, Preis und Profit*]. Publica no *Sozial-Demokrat* uma biografia de Proudhon, morto recentemente. Conhece o socialista francês Paul Lafargue, seu futuro genro.	Recebe Marx em Manchester. Ambos rompem com Schweitzer, diretor do *Sozial-Demokrat*, por sua orientação lassalliana. Suas conversas sobre o movimento da classe trabalhadora na Alemanha resultam em artigo para a imprensa. Engels publica *A questão militar na Prússia e o Partido Operário Alemão* [*Die preussische Militärfrage und die deutsche Arbeiterpartei*].	Assassinato de Lincoln. Proudhon publica *De la capacité politique des classes ouvrières* [A capacidade política das classes operárias]. Morre Proudhon.
1866	Apesar dos intermináveis problemas financeiros e de saúde, Marx conclui a redação do primeiro livro de *O capital*. Prepara a pauta do primeiro Congresso da Internacional e as teses do Conselho Central. Pronuncia discurso sobre a situação na Polônia.	Escreve a Marx sobre os trabalhadores emigrados da Alemanha e pede a intervenção do Conselho Geral da Internacional.	Na Bélgica, é reconhecido o direito de associação e a férias. Fome na Rússia.
1867	O editor Otto Meissner publica, em Hamburgo, o primeiro volume de *O capital*. Os problemas de Marx o impedem de prosseguir no projeto. Redige instruções para Wilhelm Liebknecht, recém-ingressado na Dieta prussiana como representante social-democrata.	Engels estreita relações com os revolucionários alemães, especialmente Liebknecht e Bebel. Envia carta de congratulações a Marx pela publicação do primeiro volume de *O capital*. Estuda as novas descobertas da química e escreve artigos e matérias sobre *O capital*, com fins de divulgação.	
1868	Piora o estado de saúde de Marx, e Engels continua ajudando-o financeiramente. Marx elabora estudos sobre as formas primitivas de propriedade comunal, em especial sobre o *mir* russo. Corresponde-se com o russo Danielson e lê Dühring. Bakunin se declara discípulo de Marx e funda a Aliança Internacional da Social-Democracia. Casamento da filha Laura com Lafargue.	Engels elabora uma sinopse do primeiro volume de *O capital*.	Em Bruxelas, acontece o Congresso da Associação Internacional dos Trabalhadores (setembro).
1869	Liebknecht e Bebel fundam o Partido Operário Social-Democrata alemão, de linha marxista. Marx, fugindo das polícias da Europa continental, passa a viver em Londres, com a família, na mais absoluta miséria. Continua os trabalhos para o segundo livro de *O*	Em Manchester, dissolve a empresa Ermen & Engels, que havia assumido após a morte do pai. Com um soldo anual de 350 libras, auxilia Marx e sua família; com ele, mantém intensa correspondência. Começa a contribuir com o *Volksstaat*, o órgão de imprensa do	Fundação do Partido Social-Democrata alemão. Congresso da Primeira Internacional na Basileia, Suíça.

As lutas de classes na França de 1848 a 1850

	Karl Marx	Friedrich Engels	Fatos históricos
	capital. Vai a Paris sob nome falso, onde permanece algum tempo na casa de Laura e Lafargue. Mais tarde, acompanhado da filha Jenny, visita Kugelmann em Hannover. Estuda russo e a história da Irlanda. Corresponde-se com De Paepe sobre o proudhonismo e concede uma entrevista ao sindicalista Haman sobre a importância da organização dos trabalhadores.	Partido Social-Democrata alemão. Escreve uma pequena biografia de Marx, publicada no *Die Zukunft* (julho). Lançada a primeira edição russa do *Manifesto Comunista*. Em setembro, acompanhado de Lizzie, Marx e Eleanor, visita a Irlanda.	
1870	Continua interessado na situação russa e em seu movimento revolucionário. Em Genebra instala-se uma seção russa da Internacional, na qual se acentua a oposição entre Bakunin e Marx, que redige e distribui uma circular confidencial sobre as atividades dos bakunistas e sua aliança. Redige o primeiro comunicado da Internacional sobre a guerra franco-prussiana e exerce, a partir do Conselho Central, uma grande atividade em favor da República francesa. Por meio de Serrailler, envia instruções para os membros da Internacional presos em Paris. A filha Jenny colabora com Marx em artigos para *A Marselhesa* sobre a repressão dos irlandeses por policiais britânicos.	Engels escreve *História da Irlanda* [*Die Geschichte Irlands*]. Começa a colaborar com o periódico inglês *Pall Mall Gazette*, discorrendo sobre a guerra franco-prussiana. Deixa Manchester em setembro, acompanhado de Lizzie, e instala-se em Londres para promover a causa comunista. Lá continua escrevendo para o *Pall Mall Gazette*, dessa vez sobre o desenvolvimento das oposições. É eleito por unanimidade para o Conselho Geral da Primeira Internacional. O contato com o mundo do trabalho permitiu a Engels analisar, em profundidade, as formas de desenvolvimento do modo de produção capitalista. Suas conclusões seriam utilizadas por Marx em *O capital*.	Na França são presos membros da Internacional Comunista. Nasce Vladimir Lenin.
1871	Atua na Internacional em prol da Comuna de Paris. Instrui Frankel e Varlin e redige o folheto *Der Bürgerkrieg in Frankreich* [*A guerra civil na França*]. É violentamente atacado pela imprensa conservadora. Em setembro, durante a Internacional em Londres, é reeleito secretário da seção russa. Revisa o primeiro volume de *O capital* para a segunda edição alemã.	Prossegue suas atividades no Conselho Geral e atua junto à Comuna de Paris, que instaura um governo operário na capital francesa entre 26 de março e 28 de maio. Participa com Marx da Conferência de Londres da Internacional.	A Comuna de Paris, instaurada após revolução vitoriosa do proletariado, é brutalmente reprimida pelo governo francês. Legalização das trade unions na Inglaterra.
1872	Acerta a primeira edição francesa de *O capital* e recebe exemplares da primeira edição russa, lançada em 27 de março. Participa dos preparativos do V Congresso da Internacional em Haia, quando se decide a transferência do Conselho Geral da organização para Nova York. Jenny, a filha mais velha, casa-se com o socialista Charles Longuet.	Redige com Marx uma circular confidencial sobre supostos conflitos internos da Internacional, envolvendo bakunistas na Suíça, intitulado *As pretensas cisões na Internacional* [*Die angeblichen Spaltungen in der Internationale*]. Ambos intervêm contra o lassalianismo na social-democracia alemã e escrevem um prefácio para a nova edição alemã do *Manifesto Comunista*. Engels participa do Congresso da Associação Internacional dos Trabalhadores.	Morrem Ludwig Feuerbach e Bruno Bauer. Bakunin é expulso da Internacional no Congresso de Haia.

Cronologia resumida

	Karl Marx	**Friedrich Engels**	**Fatos históricos**
1873	Impressa a segunda edição de *O capital* em Hamburgo. Marx envia exemplares a Darwin e Spencer. Por ordens de seu médico, é proibido de realizar qualquer tipo de trabalho.	Com Marx, escreve para periódicos italianos uma série de artigos sobre as teorias anarquistas e o movimento das classes trabalhadoras.	Morre Napoleão III. As tropas alemãs se retiram da França.
1874	Negada a Marx a cidadania inglesa, "por não ter sido fiel ao rei". Com a filha Eleanor, viaja a Karlsbad para tratar da saúde numa estação de águas.	Prepara a terceira edição de *A guerra dos camponeses alemães*.	Na França, são nomeados inspetores de fábricas e é proibido o trabalho em minas para mulheres e menores.
1875	Continua seus estudos sobre a Rússia. Redige observações ao Programa de Gotha, da social-democracia alemã.	Por iniciativa de Engels, é publicada *Crítica do Programa de Gotha* [*Kritik des Gothaer Programms*], de Marx.	Morre Moses Hess.
1876	Continua o estudo sobre as formas primitivas de propriedade na Rússia. Volta com Eleanor a Karlsbad para tratamento.	Elabora escritos contra Dühring, discorrendo sobre a teoria marxista, publicados inicialmente no *Vorwärts!* e transformados em livro posteriormente.	Fundado o Partido Socialista do Povo na Rússia. Crise na Primeira Internacional. Morre Bakunin.
1877	Marx participa de campanha na imprensa contra a política de Gladstone em relação à Rússia e trabalha no segundo volume de *O capital*. Acometido novamente de insônias e transtornos nervosos, viaja com a esposa e a filha Eleanor para descansar em Neuenahr e na Floresta Negra.	Conta com a colaboração de Marx na redação final do *Anti-Dühring* [*Herrn Eugen Dühring's Umwälzung der Wissenschaft*]. O amigo colabora com o capítulo 10 da parte 2 ("Da história crítica"), discorrendo sobre a economia política.	A Rússia declara guerra à Turquia.
1878	Paralelamente ao segundo volume de *O capital*, Marx trabalha na investigação sobre a comuna rural russa, complementada com estudos de geologia. Dedica-se também à *Questão do Oriente* e participa de campanha contra Bismarck e Lothar Bücher.	Publica o *Anti-Dühring* e, atendendo a pedido de Wolhelm Bracke feito um ano antes, publica pequena biografia de Marx, intitulada *Karl Marx*. Morre Lizzie.	Otto von Bismarck proíbe o funcionamento do Partido Socialista na Prússia. Primeira grande onda de greves operárias na Rússia.
1879	Marx trabalha nos volumes II e III de *O capital*.		
1880	Elabora um projeto de pesquisa a ser executado pelo Partido Operário francês. Torna-se amigo de Hyndman. Ataca o oportunismo do periódico *Sozial-Demokrat* alemão, dirigido por Liebknecht. Escreve as *Randglossen zu Adolph Wagners Lehrbuch der politischen Ökonomie* [Glosas marginais ao tratado de economia política de Adolph Wagner]. Bebel, Bernstein e Singer visitam Marx em Londres.	Engels lança uma edição especial de três capítulos do *Anti-Dühring*, sob o título *Socialismo utópico e científico* [*Die Entwicklung des Socialismus Von der Utopie zur Wissenschaft*]. Marx escreve o prefácio do livro. Engels estabelece relações com Kautsky e conhece Bernstein.	Morre Arnold Ruge.

As lutas de classes na França de 1848 a 1850

	Karl Marx	Friedrich Engels	Fatos históricos
1881	Prossegue os contatos com os grupos revolucionários russos e mantém correspondência com Zasulitch, Danielson e Nieuwenhuis. Recebe a visita de Kautsky. Jenny, sua esposa, adoece. O casal vai a Argenteuil visitar a filha Jenny e Longuet. Morre Jenny Marx.	Enquanto prossegue em suas atividades políticas, estuda a história da Alemanha e prepara *Labor Standard*, um diário dos sindicatos ingleses. Escreve um obituário pela morte de Jenny Marx (8 de dezembro).	Fundada a Federation of Labour Unions nos Estados Unidos. Assassinato do tsar Alexandre II.
1882	Continua as leituras sobre os problemas agrários da Rússia. Acometido de pleurisia, visita a filha Jenny em Argenteuil. Por prescrição médica, viaja pelo Mediterrâneo e pela Suíça. Lê sobre física e matemática.	Redige com Marx um novo prefácio para a edição russa do *Manifesto Comunista*.	Os ingleses bombardeiam Alexandria e ocupam Egito e Sudão.
1883	A filha Jenny morre em Paris (janeiro). Deprimido e muito enfermo, com problemas respiratórios, Marx morre em Londres, em 14 de março. É sepultado no Cemitério de Highgate.	Começa a esboçar *A dialética da natureza* [*Dialektik der Natur*], publicada postumamente em 1927. Escreve outro obituário, dessa vez para a filha de Marx, Jenny. No sepultamento de Marx, profere o que ficaria conhecido como *Discurso diante da sepultura de Marx* [*Das Begräbnis von Karl Marx*]. Após a morte do amigo, publica uma edição inglesa do primeiro volume de *O capital*; imediatamente depois, prefacia a terceira edição alemã da obra, e já começa a preparar o segundo volume.	Implantação dos seguros sociais na Alemanha. Fundação de um partido marxista na Rússia e da Sociedade Fabiana, que mais tarde daria origem ao Partido Trabalhista na Inglaterra. Crise econômica na França; forte queda na Bolsa.
1884		Publica *A origem da família, da propriedade privada e do Estado* [*Der Ursprung der Familie, des Privateigentum und des Staates*].	Fundação da Sociedade Fabiana de Londres.
1885		Editado por Engels, é publicado o segundo volume de *O capital*.	
1887		Karl Kautsky conclui o artigo "O socialismo jurídico", resposta de Engels a um livro do jurista Anton Menger, e o publica sem assinatura na *Neue Zeit*.	
1889			Funda-se em Paris a II Internacional.
1894		Também editado por Engels, é publicado o terceiro volume de *O capital*. O mundo acadêmico ignorou a obra por muito tempo, embora os principais grupos políticos logo tenham começado a estudá-la. Engels publica os textos *Contribuição à história do*	O oficial francês de origem judaica Alfred Dreyfus, acusado de traição, é preso. Protestos antissemitas multiplicam-se nas principais cidades francesas.

Cronologia resumida

	Karl Marx	**Friedrich Engels**	**Fatos históricos**
		cristianismo primitivo [*Zur Geschischte des Urchristentums*] e *A questão camponesa na França e na Alemanha* [*Die Bauernfrage in Frankreich und Deutschland*].	
1895		Redige uma nova introdução para *As lutas de classes na França*. Após longo tratamento médico, Engels morre em Londres (5 de agosto). Suas cinzas são lançadas ao mar em Eastbourne. Dedicou-se até o fim da vida a completar e traduzir a obra de Marx, ofuscando a si próprio e a sua obra em favor do que ele considerava a causa mais importante.	Os sindicatos franceses fundam a Confederação Geral do Trabalho. Os irmãos Lumière fazem a primeira projeção pública do cinematógrafo.

COLEÇÃO MARX-ENGELS

O 18 de brumário de Luís Bonaparte
Karl Marx
Tradução de **Nélio Schneider**
Prólogo de **Herbert Marcuse**
Orelha de **Ruy Braga**

Anti-Dühring: a revolução da ciência segundo o senhor Eugen Dühring
Friedrich Engels
Tradução de **Nélio Schneider**
Apresentação de **José Paulo Netto**
Orelha de **Camila Moreno**

O capital: crítica da economia política
Livro I: *O processo de produção do capital*
Karl Marx
Tradução de **Rubens Enderle**
Textos introdutórios de **José Arthur Gianotti, Louis Althusser** e **Jacob Gorender**
Orelha de **Francisco de Oliveira**

O capital: crítica da economia política
Livro II: *O processo de circulação do capital*
Karl Marx
Edição de **Friedrich Engels**
Seleção de textos extras e tradução de **Rubens Enderle**
Prefácio de **Michael Heinrich**
Orelha de **Ricardo Antunes**

O capital: crítica da economia política
Livro III: *O processo global da produção capitalista*
Karl Marx
Edição de **Friedrich Engels**
Tradução de **Rubens Enderle**
Apresentação de **Marcelo Dias Carcanholo** e **Rosa Luxemburgo**
Orelha de **Sara Granemann**

Capítulo VI (inédito)
Karl Marx
Inclui a *Enquete operária*
Tradução de **Ronaldo Vielmi Fortes**
Organização e apresentação de **Ricardo Antunes** e **Murillo van der Laan**
Orelha de **Leda Paulani**

Crítica da filosofia do direito de Hegel
Karl Marx
Tradução de **Rubens Enderle** e **Leonardo de Deus**
Prefácio de **Alysson Leandro Mascaro**

Crítica do Programa de Gotha
Karl Marx
Tradução de **Rubens Enderle**
Prefácio de **Michael Löwy**
Orelha de **Virgínia Fontes**

Os despossuídos: debates sobre a lei referente ao furto de madeira
Karl Marx
Tradução de **Mariana Echalar** e **Nélio Schneider**
Prefácio de **Daniel Bensaïd**
Orelha de **Ricardo Prestes Pazello**

Dialética da natureza
Friedrich Engels
Tradução de **Nélio Schneider**
Apresentação de **Ricardo Musse**
Orelha de **Laura Luedy**

Diferença entre a filosofia da natureza de Demócrito e a de Epicuro
Karl Marx
Tradução de **Nélio Schneider**
Apresentação de **Ana Selva Albinati**
Orelha de **Rodnei Nascimento**

Esboço para uma crítica da economia política
Friedrich Engels
Tradução de **Nélio Schneider** com a colaboração de **Ronaldo Vielmi Fortes, José Paulo Netto** e **Maria Filomena Viegas**
Organização e apresentação de **José Paulo Netto**
Orelha de **Felipe Cotrim**

Grundrisse: manuscritos econômicos de 1857-1858 – Esboços da crítica da economia política
Karl Marx
Tradução de **Mario Duayer** e **Nélio Schneider**, com **Alice Helga Werner** e **Rudiger Hoffman**
Apresentação de **Mario Duayer**
Orelha de **Jorge Grespan**

A guerra civil dos Estados Unidos
Karl Marx e **Friedrich Engels**
Seleção e organização de **Murillo van der Laan**
Tradução de **Luiz Felipe Osório** e
Murillo van der Laan
Prefácio de **Marcelo Badaró Mattos**
Orelha de **Cristiane L. Sabino de Souza**

A guerra civil na França
Karl Marx
Tradução de **Rubens Enderle**
Apresentação de **Antonio Rago Filho**
Orelha de **Lincoln Secco**

A ideologia alemã
Karl Marx e **Friedrich Engels**
Tradução de **Rubens Enderle**,
Nélio Schneider e **Luciano Martorano**
Apresentação de **Emir Sader**
Orelha de **Leandro Konder**

Lutas de classes na Alemanha
Karl Marx e **Friedrich Engels**
Tradução de **Nélio Schneider**
Prefácio de **Michael Löwy**
Orelha de **Ivo Tonet**

As lutas de classes na França de 1848 a 1850
Karl Marx
Tradução de **Nélio Schneider**
Prefácio de **Friedrich Engels**
Orelha de **Caio Navarro de Toledo**

Lutas de classes na Rússia
Textos de **Karl Marx** e **Friedrich Engels**
Organização e introdução de **Michael Löwy**
Tradução de **Nélio Schneider**
Orelha de **Milton Pinheiro**

Manifesto Comunista
Karl Marx e **Friedrich Engels**
Tradução de **Ivana Jinkings** e **Álvaro Pina**
Introdução de **Osvaldo Coggiola**
Orelha de **Michael Löwy**

Manuscritos econômico-filosóficos
Karl Marx
Tradução e apresentação de **Jesus Ranieri**
Orelha de **Michael Löwy**

*Miséria da filosofia: resposta à Filosofia
da Miséria, do sr. Proudhon*
Karl Marx
Tradução de **José Paulo Netto**
Orelha de **João Antônio de Paula**

*A origem da família, da propriedade
privada e do Estado*
Friedrich Engels
Tradução de **Nélio Schneider**
Prefácio de **Alysson Leandro Mascaro**
Posfácio de **Marília Moschkovich**
Orelha de **Clara Araújo**

*A sagrada família: ou A crítica da Crítica
crítica contra Bruno Bauer e consortes*
Karl Marx e **Friedrich Engels**
Tradução de **Marcelo Backes**
Orelha de **Leandro Konder**

A situação da classe trabalhadora na Inglaterra
Friedrich Engels
Tradução de **B. A. Schumann**
Apresentação de **José Paulo Netto**
Orelha de **Ricardo Antunes**

Sobre a questão da moradia
Friedrich Engels
Tradução de **Nélio Schneider**
Orelha de **Guilherme Boulos**

Sobre a questão judaica
Karl Marx
Inclui as cartas de Marx a Ruge
publicadas nos *Anais Franco-Alemães*
Tradução de **Nélio Schneider** e **Wanda Caldeira Brant**
Apresentação e posfácio de **Daniel Bensaïd**
Orelha de **Arlene Clemesha**

Sobre o suicídio
Karl Marx
Tradução de **Rubens Enderle**
e **Francisco Fontanella**
Prefácio de **Michael Löwy**
Orelha de **Rubens Enderle**

O socialismo jurídico
Friedrich Engels
Tradução de **Livia Cotrim** e **Márcio Bilharinho Naves**
Prefácio de **Márcio Naves**
Orelha de **Alysson Mascaro**

Últimos escritos econômicos
Karl Marx
Tradução de **Hyury Pinheiro**
Apresentação e organização de **Sávio Cavalcante**
e **Hyury Pinheiro**
Revisão técnica de **Olavo Antunes de Aguiar**
Ximenes e **Luis Felipe Osório**
Orelha de **Edmilson Costa**

OUTROS LANÇAMENTOS DA BOITEMPO

Como a Europa subdesenvolveu a África
Walter Rodney
Tradução de **Heci Regina Candiani**
Apresentação de **Angela Davis**
Orelha de **Matheus Gato**

Crítica do fascismo
Alysson Leandro Mascaro
Orelha de **Alessandra Devulsky**
Quarta capa de **Beatriz Rajland**

Da Erótica: muito além do obsceno
Manuel Maria de Barbosa du Bocage
Organização e apresentação de **José Paulo Netto**
Prefácio de **Francisco Louçã**
Orelha de **Cristhiano Aguiar**

Repensar Marx e os marxismos
Marcello Musto
Tradução de **Diego Silveira e outros**
Orelha de **Michael Löwy**

O sentido da liberdade e outros diálogos difíceis
Angela Davis
Tradução de **Heci Regina Candiani**
Apresentação de **Robin D. G. Kelley**
Orelha de **Zélia Amador de Deus**
Quarta capa de **Zurema Werneck e Erika Hilton**

ARSENAL LÊNIN
Conselho editorial: Antonio Carlos Mazzeo, Antonio Rago, Augusto Buonicore, Ivana Jinkings, Marcos Del Roio, Marly Vianna, Milton Pinheiro e Slavoj Žižek

Imperialismo, estágio superior do capitalismo
Vladímir Ilitch Lênin
Tradução de **Edições Avante!** e **Paula V. Almeida**
Prefácio de **Marcelo Pereira Fernandes**
Orelha de **Edmilson Costa**
Quarta capa de **György Lukács, István Mészáros e João Quartim de Moraes**

ESCRITOS GRAMSCIANOS
Conselho editorial: Alvaro Bianchi, Daniela Mussi, Gianni Fresu, Guido Liguori, Marcos del Roio e Virgínia Fontes

Os líderes e as massas escritos de 1921 a 1926
Antonio Gramsci
Seleção e apresentação de **Gianni Fresu**
Tradução de **Carlos Nelson Coutinho e Rita Coitinho**
Leitura crítica de **Marcos del Roio**
Orelha e notas de rodapé de **Luciana Aliaga**

MARX-ENGELS

Capítulo VI (inédito)
Karl Marx
Organização e apresentação de **Ricardo Antunes e Murillo van der Laan**
Tradução de **Ronaldo Vielmi Fortes**
Orelha de **Leda Paulani**

MUNDO DO TRABALHO
Coordenação de Ricardo Antunes
Conselho editorial: Graça Druck, Luci Praun, Marco Aurélio Santana, Murillo van der Laan, Ricardo Festi, Ruy Braga

O cuidado
Helena Hirata
Tradução de **Monica Stahel**
Prefácio à edição francesa de **Evelyn Nakano Glenn**
Posfácio de **Danièle Kergoat**
Quarta capa de **Bárbara Castro e Mariana Shinohara Roncato**
Orelha de **Liliana Segnini**

Este livro foi composto em Palatino Linotype, corpo
11/15, e reimpresso em papel Pólen Natural 80g/m²
pela Lis Gráfica, para a Boitempo, em janeiro de 2023,
com tiragem de 1.000 exemplares.